名师成长书系

慧心慧语
智慧班主任养成记

苏慧迎 武海英 罗素兰 朱雅琳 ◎著

吉林人民出版社

图书在版编目（CIP）数据

慧心慧语：智慧班主任养成记/苏慧迎等著．--

长春：吉林人民出版社，2021.7（2024.1重印）

ISBN 978-7-206-18263-1

Ⅰ.①慧… Ⅱ.①苏… Ⅲ.①班主任工作 Ⅳ.

① G451.6

中国版本图书馆 CIP 数据核字（2021）第 137814 号

责任编辑：王静
装帧设计：智诚源创

慧心慧语：智慧班主任养成记
HUI XIN HUI YU:ZHIHUI BANZHUREN YANGCHENG JI

著　　者：苏慧迎　武海英　罗素兰　朱雅琳
出版发行：吉林人民出版社（长春市人民大街 7548 号 邮政编码：130022）
咨询电话：0431-85378007
印　　刷：北京一鑫印务有限责任公司
开　　本：787mm*1092mm　　1/16
印　　张：13.25　　字　　数：212 千字
标准书号：ISBN 978-7-206-18263-1
版　　次：2021 年 10 月第 1 版　　印　　次：2024 年 1 月第 2 次印刷
定　　价：46.80 元

如发现印装质量问题，影响阅读，请与出版社联系调换

自　序

2005年,我辞别家人和安稳平静的生活,带着4岁的儿子,来到东莞市东城第五小学任教。当时,我在工作日记中写道:"为了给我的灵魂寻找一方能挑战自我、超越自我、让我重新归零的栖息地,我来到了魅力四射的东莞。在这里,我将开启新的征程,和孩子们一起快乐成长。"随着对学生了解的不断加深,我发现,由于这里的学生生活条件好、知识面广、家长工作特别忙等原因,学生学习不够刻苦,与我之前教过的学生大不相同。这种反差让我下定决心寻找教育的智慧。从哪里入手?对,从孩子身上或许能找到答案。于是,我曾不止一次地询问孩子们:"你们最喜欢什么样的老师?"听到最多的回答是:"常与我们沟通,有情趣、有童心的老师。"这让我想起陶行知先生说的话:"未来的先生们!忘却了你们的年纪,变个十足的小孩,加入小孩的队伍中吧!"这让我找到了工作方向。于是,我把许多精力花在和学生的交流、沟通上,语重心长而极尽拳拳之意,苦口婆心而表达殷殷之情。至今回想,还是很让人感慨的。

班主任的工作千头万绪:开不完的各级培训会、填不完的表格、各种活动、各项检查,更有家长不理解甚至不尊重老师……班主任整日如履薄冰、战战兢兢,细心又谨慎,努力地做好本职工作。

我认为,人是要有一点精神的。庸庸碌碌是一生,轰轰烈烈也是一生;灯红酒绿是一生,金戈铁马也是一生。人不仅要追求个人事业的成功,还应该发挥更大的作用。我希望通过名班主任工作室这个平台,把自己的教育理念、带班心得与更多的老师分享和交流。

如何智慧地带好一个班?如何让来自不同家庭的孩子尽快地组成一个更大、更和谐的"新家园"?如何让这个"新家园"和谐地开始新生活?如何让这段新生活在孩子们的心中留下更悠远、更美好的记忆?这些可能是每个班主任亟须解决的问题。尤其在接手新班时,面对几十张陌生、茫然的小脸蛋,面对开学时特有的"兵荒马乱",有经验的班主任或许还能有条不紊、按部就班地开展工作,没有经验或经验不足的新班主任很容易手忙脚乱、六神无主。

基于这样的考虑,我们撰写自己的班级建设故事,展示我们的甘苦与得失,梳理我们的感受和经验,解答"智慧班主任是怎样养成的"这一核心问题。本书共分八章,其中工作室"慧"规划、家校"慧"合作以及班主任"慧"成长由工作室主持人苏慧迎老师撰写;班级"慧"文化、班级"慧"活动由武海英老师撰写;班级"慧"管理和班主任"慧"赏识由罗素兰老师撰写;班主任"慧"经营由朱雅琳老师撰写。本书主要围绕名班主任工作室的规划、班级管理、班级文化、班级活动、家校合作、师生关系、班主任自我形象建设等方面展开研究,既有操作,又有理论,方便研究成果复制和落地。我们希望通过这本书,给予更多的班主任以借鉴、启迪和思考,使其在班级管理方面更加得心应手,逐步成为"智慧型"班主任。这部承载着我们的心血、记载着我们的教育智慧的专著启迪大家:"以言导其行,以慧润其心。"在学生心灵深处播种、耕耘,用渊博的知识和广阔的视野涵养学生;用长远的目光、理智的爱关心学生;用情感的亲近、行动的表率影响学生。

班主任工作虽然平凡,但也蕴藏着无数的快乐。人生苦短,在有限的生命里,能以班主任的角色生活,也是幸福的。如果能做一流的班主任,那就更幸福了。在平淡中享受教育的幸福,是我们四位小伙伴对自己的期许。就这样走下去吧!燃烧自己,尽量照亮学生内心和前行的路。踏实工作,不经意间还会遇到很多不期而至的快乐。用心前行,让自己的一点一滴,慢慢地甚至不留痕迹地去改变一些什么。

如果有人问我们最大的快乐是什么?我们会说那就是把自己深深的爱、浓浓的情奉献给学生。如果有人问我们下辈子最想干什么?我们会毫不犹豫地说:做一名师德高尚、教学水平精湛的人民教师!下面的这首小诗是我20多年班主任工作的真实写照;亦将美好与向往,写满光阴的花笺,与生命一样,温柔而绵长。

二十五年的教育生涯,

二十五年的风雨如歌,

二十五年的苦乐年华。

自 序

我走近你，本想收获一缕春风，
你却给了我整个春天！
蓦然回首，
最让我动心的镜头竟然全是与学生的慧心慧语；
此生注定与学生牵手，和教育同行。
因为有学生，我的事业更加精彩；
因为有追求，我的生命更加幸福！
同行们，感谢与你同行，让我们一路芬芳。

苏慧迎
2021 年 3 月于东莞慧心慧语工作室

目 录

第一章　工作室"慧"规划——丰盈职业人生 001

第一节　心怀感恩，梦想启程 001
一、工作室的核心理念 002
二、工作室的研究内容 003
三、工作室的队伍管理 004

第二节　博采众长，创立特色 007
一、一路有你，倍感温暖 007
二、"8+1"团队管理模式初步形成 007
三、经营团队，形成特色 008

第三节　凝聚理想，丰盈人生 009
一、工作态度 010
二、基本建设 011
三、任务承担 012

第四节　有缘相遇，师徒共进 015
一、让每位成员都有希望 015
二、帮助别人，成就自己 015
三、关注每位成员的专业成长 016

第二章　班级"慧"文化：创设最佳的氛围 018

第一节　"幸福班级"的缔造——班级文化的建构 018
一、幸福班级的文化理念 018

二、制度文化，与时俱进 019
　　三、精神文化，共同愿景 019
　　四、物质文化，规范有序 020
　　五、行为文化，落地有声 023
第二节　幸福班级的书香文化 023
　　一、读书气息，芬芳丰盈每位学生 024
　　二、班本课程，靓丽的班级风貌 026
第三节　幸福班级的沟通文化 028
　　一、聊聊"班级微信群"的那些事儿 028
　　二、英才班缤纷的假期生活 033
第四节　幸福班级的成长文化 035
　　一、发挥班长干部影响感召作用 036
　　二、创业文化节思考 036
　　三、庆"六一"感恩感动 039

第三章　班级"慧"管理，成就最好的学生 040

第一节　唤醒自我管理意识 040
　　一、自我管理的概述 040
　　二、主题班会，唤醒意识 042
　　三、目标设定，自我管理 045
第二节　开发自我管理课程 046
　　一、时间管理和物品管理 047
　　二、行为管理和学习管理 051
　　三、情绪管理和关系管理 056
第三节　掌握自我管理方法 061
　　一、培养学生自我控制能力 061
　　二、提升学生管理班级能力 062
　　三、优化自我管理评价策略 064

第四节　完善自我评价制度 065
一、激发动机，不忘初心 065
二、邀请进班，多样课程 066
三、小纸条，大世界 067

第四章　班级"慧"活动：让个性充分张扬 071

第一节　班级活动——焕发班级生命力的源泉 071
一、班级"慧"活动的内涵 071
二、提升班级"慧"活动的教育价值 072
三、创新班级"慧"活动的有效策略 074

第二节　主题班会的设计与实施 076
一、文明守纪之星——享受成长的自由 077
二、告别手机游戏——身心健康乐呵呵 079
三、品味经典诗词——传承华夏文明 079

第三节　校外活动，遵循个性特点 080
一、与大自然亲密接触——体验野炊农耕生活 080
二、让安全教育动起来——红十字生命体验馆 084
三、让爱心传递——红领巾义卖活动 089

第五章　班主任"慧"经营：让爱看得见 095

第一节　"慧"接受，对好老师的误解 095
一、消除对"好老师"的误解 095
二、做回本我 096

第二节　"慧"激励，建立良好的师生关系 096
一、寻根问源，抓住时机 097
二、阳光标签，正向影响 098
三、尊重学生，自主评判 099

四、甜蜜批评，心花怒放 ········· 100

第三节 "慧"对话，消除抵触情绪 ········· 101
　　一、智慧对话，破除屏障 ········· 102
　　二、真诚对话，信任奠基 ········· 103
　　三、用心聆听，意义非凡 ········· 106
　　四、多元对话，温馨激励 ········· 107

第四节 "慧"协同，搭建家校合作桥梁 ········· 109
　　一、家长，师生关系的桥梁 ········· 109
　　二、活动，解决问题的关键 ········· 111

第五节 "慧"布置，生成师生爱环境 ········· 114
　　一、"语过天晴"，化解矛盾 ········· 114
　　二、情绪小屋，别出心裁 ········· 115
　　三、每日分享，拉近距离 ········· 116
　　四、自主会议，民主创新 ········· 117

第六章　班主任"慧"赏识：照亮学生的前程 ········· **118**

第一节 "慧"赏识，听童声 ········· 118
　　一、老师，我想对您说 ········· 118
　　二、说明书道真相 ········· 122
　　三、作文里藏秘密 ········· 123

第二节 "慧"赏识，巧沟通 ········· 125
　　一、巧妙沟通，打开心扉 ········· 125
　　二、随时跟踪，寻得良药 ········· 127
　　三、约谈家长，深入了解 ········· 128

第三节 "慧"赏识，寻同伴 ········· 130
　　一、团队帮助，振奋人心 ········· 130
　　二、师傅引导，心满意足 ········· 132
　　三、知心朋友，真心实意 ········· 133

第四节 "慧"赏识，显价值 134
一、优币，获得认可 134
二、掌声，积极参与 136
三、肯定，促使进步 137

第七章 家校"慧"合作：凝聚最大的教育合力 139

第一节 家校合作，教育的永恒话题 139
一、国际视野下的家校合作 139
二、家庭教育的重要性 139
三、我校家庭教育背景 140
四、"生拉硬拽"与家长同行 142

第二节 "慧"带班，紧握"合伙人" 145
一、建特色家委会，拓展德育时空 145
二、让家委会成为班主任的代言人 148
三、充分发挥家长委员的作用 150

第三节 "慧"合作，赢得"合伙人"的信任 153
一、"慧"家访，心心相印 153
二、家长"不配合"，试试这样做 155
三、遭遇投诉，教会家长如何处理 160
四、家长投诉老师，班主任怎么办 160

第八章 "慧"教育，遇见"最美"的自己 164

第一节 什么样的班主任"最受学生喜欢" 164
一、"好班主任"应具备的十二种素质 164
二、学生最喜欢的十种类型的老师 165
三、引领孩子自然成长 167

第二节 "慧"班主任的自我形象建设法 168
一、看脸的时代——怎样提升"颜值" 168
二、人格魅力——让你成为出神入化的舞者 170
三、有魅力的班主任和班主任的魅力 175

第三节 "慧"教育，善待自己的学生 177
一、"慧"教育，需要小心翼翼 177
二、"慧"教育，需要忏悔和反思 181
三、"慧"个体教育促成长 184

第四节 亦师亦友，努力做最幸福的老师 189
一、敬业，收获的是遗憾和教训 189
二、乐业，享受教师职业的幸福 191
三、研修，洞开一片教育的蓝天 194
四、科研，班主任的取胜之道 196

第一章

工作室"慧"规划——丰盈职业人生

一花独放不是春，百花齐放春满园。2018年12月，我被认定并授牌为东莞市第三批中小学名班主任工作室的主持人之一。这一喜讯对一线班主任来说，是极大的鼓舞：只要我们班主任在平时的工作中不放弃自己的追求，多思考、多学习，相信每一位班主任都能未来如诗、一路芬芳。于我而言，这也是教育事业的一个新起点，在面向孩子教育的同时，要肩负起对东莞市、东城街道骨干班主任的培训重任。省、市、校级7位专家是我们工作室的强大研究后盾，16位成员胸怀大志，积极向上，特别希望自己能在教育这块热土上挥洒青春、贡献力量。我们将并肩作战，为了美好的明天、为了东莞教育的发展做出更大的贡献。

第一节　心怀感恩，梦想启程

感谢东莞市教育局给我"苏慧迎名班主任工作室"这个平台，我感到很荣幸。作为一名基层的小学班主任，我从教25年，获得了些许荣誉，高级职称也评聘了。有些同行、朋友可能会说我：作为老师，你现在也不缺什么了，却还申报名班，图啥？还拼个啥？轻轻松松地做个班主任，把你的书教好就得了。

这样就行了吗？难道做好自己的工作就行了吗？这些年，尤其评上职称后，我内心总涌动一份不安和躁动。作为一名东城街道骨干班主任，面对学校给予的荣誉，我没感觉自己发挥了多大的作用，因此常常感到惭愧和不安。我的教育教学生涯，不应该如此，也不可以这样，因为我们面对的是一个个天真无邪的孩子，他们是祖国的未来啊！我一直想把自己的教育理念、带班心得与更多的年轻老师分享和交流，尽自己的最大努力去帮助更多的年轻班主任。在东莞市东城第五小学叶婉萍校长和张玉梅副校长的殷切关怀下，我凭借自己的努力，获得了"2019—2021 东莞市第三批名班主任工作室主持人"这个荣誉称号。在此过程中，东莞市东城第二小学校长袁浩标也给予了我很大的支持。他们给了我成长的力量和勇气。于是，我将工作室视为教育生涯的一个新起点，希望带出更多、更优秀的班主任老师，为我们钟爱的教育事业再攀高峰而努力！

说实话，"苏慧迎名班主任工作室"成立后，我一点儿也不轻松，觉得肩上的压力和责任沉甸甸的。我觉得做好工作室主持人真的不容易。要知道，做老师25年，我感到非常轻松、舒心。因为我每天和孩子们待在一起，感受孩子生命拔节成长的那份惊喜，那是最幸福快乐的日子。但是每个人在人生的每个阶段，被赋予的责任是不同的。我深知今天的我需要带领团队，发挥更大的作用。

工作室团队共有3位成员，13位学员，都上进好学，年轻有为。当时我挑选学员的基本要求有"三个一"：一篇德育论文获过区级以上奖励；上过一节公开主题班会课；一场校级以上的专题讲座。但我更看重的是教师个人的悟性、个人的灵气及个人的勤奋度。我觉得这才是一个教师能够成长为一个出类拔萃的优秀班主任所必须具备的特质。

一、工作室的核心理念

工作室的建设，除了硬件，更重要的是它的软件环境建设。在这里，我特别感谢王晓芳老师、朱雅琳老师、余文君老师，她们积极、主动地参与工作室的软件环境建设。

我将"苏慧迎名班主任工作室"命名为"慧心慧语"工作室。"慧"的理解有三点：首先是用心——表扬品性胜过表扬成绩；其次是用情——藏在细节里的爱；最后是用智——班主任不走寻常路。

工作室的核心理念是"以言导其行，以慧润其心"。在学生心灵深处播种、耕耘，用渊博的知识和广阔的视野涵养学生，用长远的目光、理智的爱关心学生，用情感的亲近、行动的表率影响学生。我们潜心缔造幸福教室，开发班本课程研究，像农夫一样，扎根班级之中，在孩子的心田培土、施肥、播洒阳光雨露，在班本课程的滋养下呈现各美其美的生命精彩。

二、工作室的研究内容

班主任的成长在教室里。再先进的理念、再漂亮的口号，如果不落实在教室里，那都是镜中花水中月，都是空话、套话、废话。班主任要智慧地带班，所以我先作了一个调查，把一线班主任的困惑和普遍存在的问题进行汇集梳理，形成了下面的研究方向。（见下图）

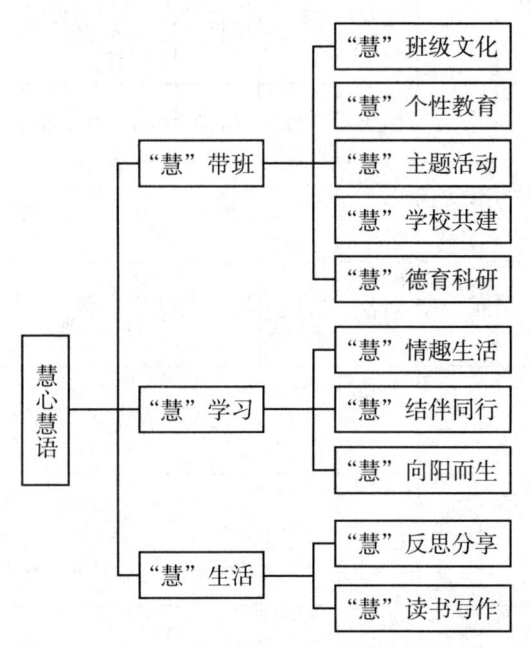

```
                      ┌─ "慧"班级文化
                      ├─ "慧"个性教育
              "慧"带班─┼─ "慧"主题活动
              │       ├─ "慧"学校共建
              │       └─ "慧"德育科研
              │
              │       ┌─ "慧"情趣生活
慧心慧语 ─────"慧"学习─┼─ "慧"结伴同行
              │       └─ "慧"向阳而生
              │
              │       ┌─ "慧"反思分享
              "慧"生活─┴─ "慧"读书写作
```

工作室的专业发展以"引导寻梦，带领追梦，帮助圆梦"为指引，努力将工作室打造成学习共同体、研究共同体、发展共同体。我们的具体任务如下表所示。

东莞市苏慧迎名班主任工作室任务安排（2019年）

序号	年度任务	数量	负责人员	具体人员	具体任务项目	主题/课题	活动时间	活动地点
1	主题班会汇报课/观点报告/讲座	至少1节	主持人	苏慧迎	讲座	《做一幸福班主任》	4月	东城二小阶梯教室
2	主题班会示范课	至少1节	主持人	苏慧迎	面向全市开展（每年6月）			
3	承担中小学教师市级培训项目或跟岗学习任务	至少1节	主持人	苏慧迎	讲座	《我的魅力我的班》	3月18	东莞市佳华学校

续表

序号	年度任务	数量	负责人员	具体人员	具体任务项目	主题/课题	活动时间	活动地点
4	听课、磨课、讲学、论坛、网络交流	至少4次	全员集中研修	线上以公众号为交流平台，展示自己在工作中的所感所想所悟，坚持每周发两篇原创文章，扩大影响力。				
5	主题班会汇报课/观点报告/讲座	至少1次	每位学员及成员	13位	第一次汇报课	《室外丛林》欧阳莉、方淑君、苏慧迎、袁昌汉	5月下旬	东城二小阶梯教室
6	每年发布教育教学资源数量	不少于20条	主持人	苏慧迎	20条	由朱雅琳、杨春秋老师负责		
7	每年发布教育教学资源数量	不少于80条	每位学员及成员	13位	每人6条	由余文君、周方圆老师负责		
8	主题班会优课	共5个	上汇报课的老师	上过课的老师	示范课	录像并制成光盘，由袁昌汉、杨丽君刘秀丽老师负责		
9	主题班会微课	共15个	每位学员及成员	13位	每人一节微课，由王伟竹老师负责收集			
10	公开刊物上发表教育教学论文，或获市教育教学论文二等奖以上	至少1篇	主持人	苏慧迎	组织核心成员积极撰写教育书籍《慧心慧语》2020年12月完稿（苏慧迎、武海英、罗素兰、朱雅琳合著）			
11	撰写教育教学论文	至少1篇	每位学员及成员	13位	由欧阳莉、武海英老师负责收集			
12	公众号发文	至少2篇	每位学员及成员	13位	由王晓芳、罗素兰老师负责收集			

三、工作室的队伍管理

（一）工作室如何凝聚队伍

1. 要有积极的心态

美国心理学家卡尔·罗杰斯曾说："教师，无论在什么时候都应当成为一个积极的建设者。"我把这种理念引入工作室，引导每一位班主任无论什么时候都应当成为一个积极的班级建设者，努力成为积极的优秀班主任。"积极"意味着主动自觉，发自内心地喜欢做班主任，从不怨气冲天，也没有被迫无奈；意味着每天走进教室、站在讲台上时，从不带有气馁、懊丧等不良情绪，而是微笑着传递健康、开朗、明亮和喜悦；意味着让每个孩子看到"希望"，坚持一个都不能少；意味着以明锐的教育眼光寻找教育问题，再以"教育问题"为起点，分析问题，找出解决问题的策略，并开展相关的德育课题研究。

2. 带班要形成自己的风格

我的治班之道就是："两手都要抓，两手都要硬。"这里的"两手"是指：一手是"班级凝聚力"的管理，重视培养学生自主学习的能力和良好的行为习惯，尤其要建构"家校联盟""营造幸福班级文化氛围"，因为这些都是班级凝聚力形成的抓手；另一手是"特殊学生"的帮扶，要以一颗博爱之心平等地对待每一位学生，特别是对于基础较差的学生，不能歧视他们，而要尊重、理解、鼓励他们，走进他们的心灵，帮助他们树立自信，有尊严地对待学习和生活。

3. 和学生站在一条站线上

"和学生站在一条战线上。教师不和学生站在一条战线上便不成为教师……你若把你的生命放在学生的生命里，把你和你学生的生命放在大众的生命里，这才算是尽了教师的天职。"在推进素质教育的今天，再次重温我国伟大的人民教育家陶行知先生的教诲，仍然感到心灵受到震撼。陶行知先生那颗真诚博大的爱心、那颗纯洁无瑕的童心深深地激励着我。如果说我还能够得到孩子们喜欢和认可的话，那是我一直在努力读懂他们，真诚地与他们站在一条战线上，想方设法走进他们的心灵，和他们进行交流。我努力把自己的生命和孩子们的生命融在一起，使它迸发出情感和智慧的火花。

4. 要学会分享交流

一个好的班主任，必须深谙教育的幸福。带着幸福感做班主任，正如揣着理想上路，不仅在做的过程中使自身变成目的，而且必然会带来一个副产品——使教育教学变得精彩美丽。

俗话说："一枝独秀不是春，百花齐放春满园。"我们要想发展，首先要学会分享，既要善于分享别人的成果，又要乐于分享自己的成果。分享，是一种境界，是一种智慧，是一种升华。要学会为别人的成功而喝彩，也要学会与别人共同创造成功的喜悦和精彩。

我们班主任具备三个得天独厚的成果分享空间：

（1）分享人的生命，成长的快乐。班主任的职业生活就是与成长中的生命打交道，分享孩子们生命成长的幸福，这是班主任职业独有的幸福之源。

（2）分享人类文化创新的成果。学校教育是传播人类文明的方式，也是创新和发展人类文明的地方。分享学校文化创新的幸福，这是班主任职业第二个独有的特色。

（3）分享人类发展规律的成果。班主任是研究和探寻人的生命成长与发展规律的职业。正因为如此，作为班主任，我们能够及时分享人类发展规律的成果。

（二）工作室如何管理队伍

工作室将以"引领、辐射、发展"为宗旨，以教育科研为先导，以班级建设为主阵地，以网络交流为载体，集理论性、实践性、研究性于一体，遵循优秀班主任的成长规律，通过实施"三年一个周期"的工作计划，有效推动16名班主任工作室成员的专业成长，力争成为东莞市内有影响力、有引领和辐射作用的优秀班主任研修队伍。

工作室的培训策略是"五结合，五为主"：①导师指导与自我研修相结合，以自我研修为主；②本地观摩与外地学习相结合，以本地观摩为主；③专家传授与互相研讨相结合，以互相研讨为主；④线上研讨与线下研讨相结合，以线上研讨为主；⑤理论学习与实践探索相结合，以实践探索为主。

适时地展示机会：①汇报课，送课到校，学员参赛，每次活动结构为"主题班会+专家报告+微型讲座"；②科学的考评方案：过程性评价与终评性评价结合；③严谨务实的工作态度；④完成规定性动作，创新自选动作。

诚如人们所言：鸡蛋从外打破是食物，从内打破才是生命。班主任的成长，光靠听取他人的指导是远远不够的，那毕竟是别人的东西，关键的还是自身的领悟能力，只有将他人的经验通过自己的深刻体验内化成个人的心得体会，才能为己所用。尤其是被逼到绝境时，在绝境中努力求生存，主动经历一次次刻骨铭心的磨砺和雕琢，才能脱胎换骨、破茧成蝶，蜕变成一个全新的自我。

第二节 博采众长，创立特色

工作室成立的第一年，我正好在东莞市东城第二小学交流学习。借助"东莞市苏慧迎名班主任工作室"培训平台，我在东城第二小学建立了"苏慧迎智慧班主任工作坊"。在那里，我们凝聚了一群热爱班主任工作的青年才俊；在那里，我们更新教育理念，增长教育技艺，提高科研能力；在那里，我们合作共赢，创造了一个个感动愉悦的真实画面。"累并快乐着"，是我这一年的真实写照。

一、一路有你，倍感温暖

在东城第二小学袁浩标校长的大力支持下，"苏慧迎智慧班主任工作坊"成立了，共有 21 位致力于教育、热爱教育的班主任。他们胸怀大志，积极向上，迫切希望自己能在教育这块热土上挥洒青春、贡献力量。正因为他们的热情，才使我那沉甸甸的压力逐渐转为动力。我们并肩作战，力争为了我们美好的明天、为了东城教育的发展做出更大的贡献。

令我感动的是袁浩标校长把自己的办公室腾出来让我们开展工作。工作坊是一个宽敞、明亮的独立办公室，手提电脑、打印机、网络、空调硬件设备一应俱全。我始终相信，广泛的阅读能够增长教师的职业智慧，能使自己的教育闪耀睿智的光彩，充满创造的快乐。学校特别支持我的想法，花费 5000 多元为工作坊配齐了 100 多本班主任专业书籍。工作坊学员的读书内容包括两方面：一是必读书《教室里的正面管教》；二是根据自己的需要自由阅读。班主任知识越丰富，班主任工作越好开展。"专业阅读"给我们带来无限的信心。

二、"8+1"团队管理模式初步形成

团队建设完成后，我就注意引导团队成员总结自己的做法，利用工作室见面会的机会，和他们交流班主任工作特色，并向大家汇报年度班主任工作规划。规划的内容包括沉潜修炼、梳理自己、逼你成功、坚持梦想、实践第一、规划自己六个方面。

同时我还提出了"8+1"的核心管理模式。"8"指每天的 8 小时高效率

的工作时间，这是所有班主任都能做到的；工作室成员与其他班主任不同的一点就在于这个"1"，就是团队成员每天要比别人多做一点、多读一点、多思一点、多写一点，力争成为一个有理想、有才华、有专业追求的专家型班主任。

在"8+1"团队成长模式中，我们首先通过集体的智慧解决个人班级管理的短板，形成了这样的认识：班级管理研究和班主任的成长绝对离不开班级，离不开每天深度参与学生的在校生活。工作室要求每位成员每学期写好一份"特殊的教育案例"，提出自己的问题、做法、感悟等，并发布在我们的公众号上。大家互动交流，取长补短。

团队每周在微信群中研讨一次，研讨模式很简单："我的做法＋我的感悟"。这种线上交流探讨能够有效地提升团队成员解决问题的能力和教育的使命感。我们赋予了"1"特别的含义，就是让"共同阅读＋教育故事＋线上研讨＋专业写作"成为团队研修的初步模式。

三、经营团队，形成特色

东城第二小学工作坊成立之后，在学校领导的大力支持下，我们完成了"三个一"活动。

（一）结成一个同盟

2018年12月28日，东城第二小学智慧班主任工作坊正式成立了。全体成员在升国旗、唱国歌、班主任入室宣誓中完成了一次友谊的结盟。我们相信，大雁飞过，总有痕迹留下……在这次结盟中，"生命、积极、风格、分享、方圆"五个关键词贯穿整个活动过程。

通过如此隆重而又有仪式感的活动，教师们重拾信心，对班主任工作有了新的认识。冰冻三尺非一日之寒，滴水穿石非一日之功。只要我们不放弃，多学习、多思考，相信天道酬勤，未来如诗，我们一定能成为东城二小幸福的名片。

（二）调适一种心态

为了提高工作室的凝聚力，营造真诚、理解、支持的团队氛围，我努力建立一支互信、互助、懂得感恩、勇于突破自我的班主任团队，使他们以更加积极的心态面对学生，开展工作。智慧班主任工作坊举办了一场以"从'心'开始，让幸福在这里流淌……"为主题的心理团建活动。其中，围"爱心圆"这一环节，注重的是教师之间的相互配合，使其能够在游戏的过程中迅速抓住游戏的技巧。在这个过程中，教师们安静、安全、迅速地围成了爱心圆。

通过这次活动，教师们重新了认识自我，了解到自身与同伴的力量、自身的局限与潜力对自我专业成长的影响，深深体会到一个人会走得很快，但一群人会走得更远。遇到比自己强的人，不仅会激发我们工作的积极性，还会刷新我们的认知范围，拓展我们的思维和眼界；同时也会给我们带来一定的动力和压力。这些都将是我们前进路上最好的精神"果实"，有了它，我们才能调整好状态，突破自己，变得更强，乐观地面对工作与生活中的挑战。

（三）打开一扇窗户

东城第二小学智慧班主任第三期培训，走出校门，来到了爱有方家长学校。在那里，我们学习了正面管教的核心理念，就是和善而坚定地管教孩子，管教孩子时使用既不惩罚也不娇纵的方法。体验式主题班会活动"丛林之外"，让学员们懂得了"接纳、尊重差异"；体验活动"家长训斥孩子"，让学员们两两一组，"家长"站在椅子上，"孩子"则站在地上受斥责，从而让学员们深刻理解到，鼓励能使孩子充满内动力，在内心种植"孩子感觉好了，才愿意表现更好"的新思想；在第二个班会"转学的查理"活动中，学员们恶言相对，使转学来的"查理"满身伤痕，哪怕再善意的话语也始终无法抹平"查理"身上的伤痛。这样的体验活动让学员们充分了解到孩子首要的心理需求是归属感和价值感。我们作为家长和老师，对待孩子应当多鼓励，少表扬。因为表扬是一个人对另一个人美化或满意的定义；鼓励则是给人信心、勇气，帮助其找到方向和目标，能让孩子认可自己的努力。

第三节　凝聚理想，丰盈人生

光阴似箭，弹指一挥间。"东莞市苏慧迎名班主任工作室"从 2019 年 1 月成立至今，不知不觉已走过了两年。工作室凝聚了省、市、校级 7 位专家，是其强大的研究后盾；16 位成员和学员胸怀大志，积极向上。在这里，我们共同描绘教育的理想与未来，收获了班主任之间的深情厚谊。更令人欣喜的是，我们更新了教育理念，增长了教育的技艺，提升了科研能力。"真情凝聚理想，学习丰盈人生"，是"苏慧迎名班主任工作室"的真实写照。

一、工作态度

（一）强烈的责任感源于崇高的使命感

要做事先做人。作为一个名班主任工作室主持人，我不可能什么都懂：既是班级管理的能手，又是授课专家，还是写作高手家、心理咨询师……但对于主持人本身的职责，我对自己提出了以下要求：要在师德方面率先垂范，通过言传身教帮助学员提升学识水平和师德修养；承担各级各类骨干班主任的培训和指导工作，使工作室真正成为班主任成长的摇篮；负责指导学员制定专业的三年发展规划，引导学员专业提升；开展教育教学课题研究，提高学员的科研能力；发挥名班主任主题班会、队会的教学示范和辐射作用，促进学员的专业成长；利用自身的资源优势，积极为学校和本区域教育教学改革献言献策。

（二）工作室班主任必须具备"五要"精神

在挑选工作室成员的时候，我所看重的是作为一个班主任的悟性，是老师个人的灵气。我觉得这才是一个班主任成长为一个出类拔萃的优秀班主任所必须具备的特质。我的观点十分明确：志同，道才合。我们把培养目标定位为：依靠学员，为了学员，发展学员。为此，我提出了班主任的"五要精神"：

情怀要深：心里要装着国家、装着学校、装着班级、装着家长、装着学生，要深情地爱他们。没有爱就没有教育，这是千古不变的真理。

视野要广：班主任要有宽广的知识视野、国际视野、历史视野。

自律要正：班主任要德高为师，行为垂范；人前人后一个样、网上网下一个样，注意自己的言行，因为我们是学生的榜样。

思维要新：班主任要善于学习、勤于思考，理念要更新、风格要独特、点子要独特。思维决定了教育行为，教育行为带动教育视野。未来的教育需要我们提前去思考、去准备。

人格要正：堂堂正正做人师，育有品格的学生，"捧着一颗心来，不带半根草去""千教万教教人学真，千学万学学做真人"。我们不仅是自己的老师、学生的老师、家长的老师、同事的老师，还应该是未来的仁义之师。

二、基本建设

工作室的学员和成员，在某种意义上说，就像是一盘散沙。16位班主任来自东莞不同镇区，有农村学校的班主任，也有城区学校的班主任，有骨干班主任，也有刚毕业不久的年轻班主任。而且算上我，有两位是数学老师兼班主任。这个团队在职业认知上、班级管理能力上、参与度上都表现出了参差不齐的状态，要想把这样一个团队凝聚在一起，形成合力，的确需要一种"软实力"。

（一）团队组建，管理有保障

在工作室组建之初，我首先想到的是人员的建构。为了明确分工，开展高效的工作管理，我对所有成员进行了合理分工和科学管理。

分组管理。在人员分配上，我采取了优秀班主任为组长的分组管理，每位指导班主任带领2—3名学员，做好学员的考勤、指导、督促、资料收集、考核等工作。

通讯管理。使用现代信息技术，将微信群和QQ群作为基本的联系方式，微信群主要用于日常工作的交流讨论；QQ群主要用于发通知，收集保存视频、图片资料，并安排专人管理。

文案管理。不同的学员处于不同的领域，我们每次活动后会将资源集中整理，归档并保存好，共享资源。

分工合作。根据班主任的特长，对工作室的工作进行合理分工，分别有活动拍照、活动报道、活动资料收集、活动会场布置、实验学校承担等。

（二）文化引领，构建教育认同

工作室的建设，除了硬件外，更重要的是软件环境建设。

工作室名称：慧心慧语，一路芬芳。

工作室室训：仁爱、善思、慧研、志和。

工作室理念：以言导其行，以慧润其心。

三、任务承担

（一）更新理念，分享教育理想

思想是行动的指南，要提升学员的教育教学水平，首先是更新其教育理念，提高其思想觉悟。

（二）切磋技艺，提高教育能力

课堂，是教育教学的主阵地。跟岗学习阶段，我们工作室安排了大量的课堂教学交流活动。工作室的每一个学员和成员，包括主持人都要上课、听课、评课，"只有经历不断地磨课，才有切身的体会，才能真正提高教育教学能力"。

凡事预则立，不预则废。首次见面会，成员们逐一介绍三年规划。她们从容淡定，侃侃而谈；表达清晰，逻辑严密；谈吐优雅，风趣幽默。16位老师、16种风格，各自的三年规划精彩纷呈。台下的听众听得津津有味，收获满满。欧阳莉老师的师徒共建带班"做一个未雨绸缪的老师"经验分享，博得在场的200多位班主任老师啧啧赞叹。武海英老师结合自身带班经验，做了"让活动走进学生的心灵"的专题讲座。讲座中呈现的一个个独具匠心的活动、一幕幕精彩的活动画面、一张张欢乐的活动照片，让在座的老师们陶醉其中。朱雅琳老师结合自身带班经验，为大家带来主题为"活动，催生班级'正能量'"的微讲座。朱老师通过形象直观的图片、视频等资料，从"巧融合""慧活动"这两方面把她新接班的感受娓娓道来，让在场班主任眼前一亮。王晓芳老师执教题为"品味经典，传承文明"的主题中队队会课。小小队员们有序整队、报告人数、出队旗、唱队歌、呼号、退旗，井然有序，大方得体。陈丽霖老师执教题为"当我害怕时，该怎么办？"的主题班会课，通过调查问卷、绘本、视频等方式，带领二年级学生针对害怕、说出自己害怕的事情展开主题讨论，给予解决方法，带领学生进行小组汇报，总结出五大解决害怕的小妙招。学员们展示了她们不同的带班特色和独特风格，给听课的老师留下了深刻的印象。之后，所有的学员写下了一篇篇精彩的听课感。

（三）课题统筹，愿景凝聚合力

德育科研是取胜之道。"基于'PD'实验的小学高年段活动体验型主题班会的实践研究"是工作室的研究课题。这一课题是以小学高年段的学生为研究对象，采取"PD"正面管教的教育方式，以德育"主题班会"为策略展开，充分发掘学生的个性潜能优势，促进学生的个性全面和谐发展。

该课题以"活动体验"为着眼点，把强化学生的自我教育、培养学生的健康人格作为一项重要任务，通过实践研究不断提升小学高段学生的认知水平，增强学生对自身情绪或动机的调节能力，使其正确认识自我，有意识地控制独立和自主的需要；能够自觉遵守社会规则，有良好的人际关系和社会适应能力；让学生在脱离了老师与家长的监督后仍能具有较强的自我教育能力，把管理由"他律"变为"自律"，不断自我完善，形成健康人格。学生通过亲身体验，使不良情绪得以宣泄，身心放松，从而培养团队合作、沟通表达、坚持不懈、责任承担、感恩行善等综合素养。

为了让班主任在今后的工作中更有热情和方法，工作室特邀爱有方"PD"主题班会讲师走进东城第二小学，为班主任展示了6节正面管教为主题的班会课。接下来，我带领学员上了18节不同主题班会课。在实践中，我们总结出小学高段（5—6年级）"PD"主题班会的8项技能训练方法：围圆、感恩致谢、尊重差异、沟通技能、专注于解决方案、角色扮演和头脑风暴、运用议程和班会程式、错误行为目的。同时，我们还进行了小学高段（5—6年级）的主题班会教学设计研究，并进行了"PD"主题班会的分类：①何以言"德"行——品德类；②重"情"为哪般——情感类；③论"事"讲规矩——事务类；④言"志"当有时——励志类。在学员群策群力下，我们研究出小学高段（5—6年级）的"PD"主题班会教学策略研究：一方面，进行双师教学，通过干预促进或肯定儿童的某种行为；另一方面，进行正面管教，通过活动干预抑制或否定儿童的某种行为。

我们的创新点和研究价值在于：

（1）理论创新：正面管教核心理念比较成熟，可以学习借鉴。

（2）手段创新：借助心育体验课程开展主题活动。

（3）内容创新：学生必备的品德、技能、行为习惯等核心素养。

（4）教师发展：课题组老师们相互帮助，相互学习，在课题研究的道路上又迈出了坚实的一步，课题研究收到了一定的成效。但我们深知自己的不足，如：对开展课题研究的积极心理学的基础理论和基础方法掌握不够，对课题本身的理解不够深入、透彻，课题研究没有序列性等。

（5）学生发展：通过"PD"主题班会加强对学生进行自我教育实践以来，多数学生能正确地认识自我，正确地对待自己的优点和缺点，控制自己的不良行为，自觉遵守各种规则；多数学生能给予爱也能接受爱，热爱学习和工作，并乐于承担义务，情绪成熟健全，经常保持愉快的心态，生活充满了活力。过去学校三令五申的规章制度，已内化为学生的自觉行为。学生各个方面的行为习惯发生了明显的变化，素质也明显提高了。

（四）阅读经典，启迪心灵智慧

我一共送给大家三本书：第一本是《教室里的正面管教》，让大家将不惩罚、不骄纵的正面管教方法运用于日常的班级管理中，比如建立情感联结，让学生参与、专注于解决方案，有限制地选择，启发式解决问题。第二本是《班主任工作中的心理效应》，它会让你不禁思考：如何才能成为一名睿智的班主任？书中根据班主任工作的三个"面向"选择了48个心理效应。每个"面向"又基于班主任的不同需求和意图设立了许多个主题，使班主任工作的方方面面都能在书中找到影子，都能让班主任从其中受到启发。第三本书是梭罗天才的杰作《种子的信仰》，每一页都闪耀夺目的洞见和智慧，以及他不知疲倦的好奇心和独到的人生哲学。

在年度结业典礼上，我语重心长地告诫大家：在学习中思考，在思考中前行。一始一终，前后三次赠书，从教育经典到人生经典，从做事到做人，从学到思，作为工作室主持人的我可谓用心良苦。

回首两年来工作室工作的开展情况，我们感慨万千，从组建本工作室，到承担任务期间，有鼓励也有鞭策，有喜也有忧，有笑也有泪，收获了累累硕果，也积淀了深深的师徒情谊。这个工作平台真正起到了引领和辐射的效果，起到了带动与推动的作用。这里也成为东莞市骨干班主任成长的重要基地。今后，我们将继续秉承对教育事业的执着与热爱，将工作室当作本市骨干班主任成长的沃土，让更多的班主任高高兴兴地进来，充满信心地出去，为东莞市班主任专业成长撑起一片充满希望与理想的天空，让班主任的教育人生更加精彩纷呈！

第四节　有缘相遇，师徒共进

一、让每位成员都有希望

要做事，先做人。要引领好一个名班团队，作为主持人，一个重要的策略就是平等待人，不厚此薄彼，让团队里每一个人都有存在感，在业务上有机会、有希望。

大家凭什么愿意跟着我干？在工作室成立会议上，我说："因为咱们工作室没有过多的经费，我不可能给大家带来直接的经济效益，但我会竭尽所能，让大家在业务上得到发展，心有多大，你的舞台就有多大。只要你敢想，有实干创新精神，我就会尽力帮助你实现梦想。"

工作室助理朱雅琳勤奋好学，倡导"春风化雨，润物无声"的德育教育。她理解、尊重每一个孩子，孩子是她的全世界。

雅琳经常问我，班主任的内涵是什么？我想它虽然没有固定的模式，但是我坚信，只要你愿意去找，一定能找到比"请家长""站墙脚""罚作业""简单说教"等更有效的方式，去唤醒那些让人头痛的孩子。一个班主任要明晰自己的角色定位和教育梦想，顺利完成从"讲台上的圣人"到"学生的导师"的角色转变。

二、帮助别人，成就自己

从小，爸爸妈妈就教育我：力气是用不完的，今天累了，睡一大觉，明天起来照样精神抖擞。因此，我从来不知道啥叫偷懒，看到人家有困难，能帮忙时毫不犹豫鼎力相助。我自然而然地将这一习惯带到了名班主任工作室。

工作室成员生病住院，我亲临探望；朱雅琳老师结婚，我和素兰、晓芳、海英亲自为她撰写贺词，并朗诵送祝福；工作室成员在工作上不开心，我得知情况后支招解决；工作室成员参加职称评定不会整理材料，我和她一起解读文件，对照得分点分门别类收集材料；工作室成员参加赛课，我组织团队一点点打磨，一遍遍试讲，一句句抠细节。好习惯是可以传染的。我们的工作室已经形成了一种习惯，谁有困难，不管工作上的还是生活上的，在微信群里说一声，打一个电话，大家都能热心帮助。就像我们工作室成员武海英老师所言，我们已经是相亲相爱的一家人了。

有个著名的"木桶理论",说的是一个木桶能装多少水,取决于短板的长度,只有补齐短板,才能盛放更多的水量。我总是在想,为什么不将木桶倾斜呢?同样的木桶,倾斜以后不就可以盛放更多的水了吗?将木桶倾斜,不就是充分利用木桶的长处了吗?我认为,最好的教育就是让每个人与生俱来的优势得到最大限度的发挥,让每个人做最好的自己。

有人说:"当灵魂成为一种信仰时,所有的时间和精力将凝聚在一起,成为人生的力量;当灵魂沉淀为一种思想时,思想将彰显其丰富的内涵和魅力;当灵魂净化为一片山林,一条河流时,我们才真正领悟,真正懂得生命的意义。"这两年来,我从工作室成员身上学到了很多,同时,我也深刻地意识到,工作室单靠个人的努力是远远不够的。在这个平台上,需要一种专业引领,需要成员之间相互碰撞、相互激励、相互影响,发挥各自的优势,这样,成员才能更快地成长,成长为优秀的班主任。

三、关注每位成员的专业成长

工作室成员如何在成长中享受幸福,让自身的价值得以实现,让自己的人生变得更加美丽呢?

(一)进行有效反思

教育生活是由无数的碎片组成的,这些碎片会形成支离破碎的未经反复的经验,使教育教学在比较低的层面不断重复。教师通过专业写作,能够有效地对这些经历进行反思,从碎片中提取有意义的东西加以理解,形成经验。如此,这些碎片经过拼合就可以形成美丽的图景。叶澜教授说:"一个教师写一辈子教案难以成为名师,但如果写三年的反思则有可能成为名师。"每次开展活动之后,我都要求成员或学员及时地反思,旨在更好地总结,为日后的有效工作积累经验。

(二)构建发展共同体

独学而无友,则孤陋寡闻。三人行必有我师。美国教育家马斯·丁·萨乔万尼说:"共同体是由于自然的意愿而结合,对一套共享的理念和理想负有义务的个人的集合体。这种团结和约束的紧密性足以把每个人从一种'我的集合体改造成为一种集体的'我们'。作为'我们',共同体的成员是紧密编织而成的富有意义的关系网络的一部分。"班主任的专业发展共同体可以支持和帮助班主任改进和完善自身的教学实践,帮助他们解决由于学校的改革和变化而出现的危机感和不确定感,以促使班主任应对变化的环境和新的挑战,从而为学校走向成功提供适宜的组织与精神资源。如我们工作室培训的长远目标是:通过多种形式开展全员培训,促进班主任转变教育思想和观念,掌握现代教育理论,树立爱心意识、服务意识和责任意识,从而提高班主任教师队伍的专业化水平,努力建设一支拥有较强的实践能力、创新能力和教育研究能力的专家型班主任队伍。

（三）互相交流、研究

你有一件物品,我有一件物品,交换了,我们每人仍然只有一件物品;你有一个思想,我有一个思想,交流了,我们同时拥有两种思想。著名教育家苏霍姆林斯基说:"如果你想让教师的劳动能够给教师带来乐趣,使天天上课不至于变成一种单调乏味的义务,那就应当引导教师走上从事研究这条幸福之路上来。"工作室成员定期开展公开课、展示课,并彼此评课、说课等,使听者获益,讲者有收获。工作室举办的各种活动也是集体交流、商讨,充分发挥成员的潜能,并将其创造性充分激发出来,使每个成员在交流和碰撞中,提升教学水平和管理班级的能力。

教育之所以也被认为是"艺术",就是因为两者的原则是共通的,而具体的方法总是因人而异,因时而异,因地而异,因事而异。只有让学生感受到重视和信任,教育才会真正渗透到学生的内心,才会还原人性美的本质。

16位班主任在教育路上追梦不停息,有时候成功就在于下一步,走一步之后再走一步。百分百的付出或许得到的只有百分之一的结果,但是要知道,世界上没有无缘无故的爱,今天所有的努力都是为明天的幸运作准备的。所以,越努力,越幸运。我们都在慢慢成长,也成了无话不谈的良师益友。

当我们在教育的路上快乐耕耘,定会绽放精彩。尽管花开花落一年又一年,但是几十年之后回眸自己走过的路,我们会发现从教之路山花烂漫,芳香扑鼻;从教之路欢声笑语,幸福永存……

第二章

班级"慧"文化：创设最佳的氛围

第一节 "幸福班级"的缔造——班级文化的建构

一、幸福班级的文化理念

苏霍姆林斯基曾经说："教育要想收到预期的效果，就要创造一个教育人的环境。"充满文化氛围的教室环境有助于培养学生良好的审美观、价值观；能够陶冶学生的情操，还可以增强班级的向心力和凝聚力。心理学认为，自然环境对人的影响主要是通过客观现实对人的心理产生影响。充满文化氛围的教室环境能给学生增添书香趣味与学习的乐趣，舒适的环境还可以增强班级的向心力和凝聚力。班级布置一般遵循两个原则：一是整洁、温馨、和谐；二是与众不同、独具匠心。班级文化布置具体的策略如下。

（一）整洁明亮

每一次接新教室，我都会想办法把旧貌变新颜，用自己、家长和孩子们的劳动把教室变得明亮整洁。俗话说"良好的开端是成功的一半"，这样的辛苦劳作很有价值。教师可以很快地了解学生，并且认识一部分有爱心、乐于奉献的家长，为成立班级家长委员会储备好人选。

（二）墙壁"说话"

心理学中的"暗示效应"就是用含蓄、间接的方式对别人的心理和行为施加影响，从而使被暗示者不自觉地按照暗示者的意愿行为。根据"暗示效应"的原理，在教室的布置上，恰到好处的点缀和装饰能够让教室格外温馨。这需要班主任和家长朋友们的群策群力、精心构思。

（三）板报亮彩

教室后面的黑板，是可以供家长和学生施展才华的平台，用好这块"宝地",既能育人,又能育心。

(四)小物点缀

教室里增加一些柔软的物件,给班里的"机灵鬼"一些安全感和满足感,他们一定会更加喜欢、更加依恋班级。

二、制度文化,与时俱进

俗话说:"没有规矩不成方圆。"班级有制度,就有章法。制度不仅仅规范学生,同样也约束老师。班级的发展状况很大程度上取决于班主任的管理水平。班主任要做好班级管理工作,需要建立完善、民主的班级管理制度,如:家长委员会制度、班级卫生值日制度、班级请假制度、午休管理制度、班级公约等。而这些制度的出台都是在学校规范的办学框架下,紧紧围绕学校办学理念,由班主任精心构思,再由家长委员会审议,然后全班同学通过后才实施的。这些制度得到了家长的支持、学生的认可,执行起来更畅通更有效。

对于低年级的小学生,我们一定要根据本班学生的身心特点,借助家长的力量,一起讨论、研究、制定班级公约。公约要从班级学生的安全、学习、纪律、卫生、劳动这几个方面进行探讨。家长的参与旨在让他们及时了解班主任的教育教学理念和对学生行为规范的具体要求,尽量做到家校合一。

对于中年级的小学生,班级的公约文化建设可以先由班主任提出几个可行的方案,学生根据自身的情况参与选择,最终的结果由班干部、学生代表、班级各科任老师以及班主任共同商议决定,再发给家长审阅。

对于高年级的小学生,在班主任的启发下,学生可以主动思考如何构建班级的公约。班主任要率先引导学生在小组内讨论;接着由各小组长来确定提交小组的班级公约;最后在班会课上集中商讨,确定好后,先试行一个月,然后再次修改完善。在民主协商的氛围中形成的班级公约,实施起来可以更好地规范、约束学生的行为,当然执行时还需一视同仁,公平公正。

三、精神文化,共同愿景

班级精神文化主要指班级的精神风貌、行为规范、价值观念等,是班级文化的核心,有助于形成良好的班风和学风。班级标识是班级精神文化的外显、物化的象征,是体现班级精神文化个性的标志。班级精神文化包括:班名、班歌、班徽、班旗、班章、班级吉祥物等。

（一）班级名片

班级名片是一个充满阳光正能量的标签，名片是班级风气的浓缩。我们的班级名片全部由家委会成员规划设计，然后全班投票选举通过。家长朋友和孩子们一起制作班级名片的过程，使得整个班朝着更加积极、阳光的方向发展。

（二）班徽

徽，是一个集体的标志，大到国家有国徽，小到学校有校徽。一个幸福的班集体应该有班徽。班徽的设计和制作，在班级文化建设中起着非常重要的作用。成熟的班徽是班级精神文化建设的外在形象，既能引领学生感悟生命的真谛，又能培养学生高尚的审美情操，从而唤醒学生内在的自信，挖掘自律的潜能。另外，教育意图贯穿于创作设计中，注重其效能性管理，对学生的健康成长、和谐发展产生潜移默化且意义深远的影响。

（三）班歌

关于班歌的创作，可以先向家长发出征集需求，希望有能力的家长积极谱写，当然班主任还要进行修改和润色。歌词要与班名相对应，要体现班级所追求的精神内涵。歌词解决了，就轮到歌词的谱曲。学校的音乐老师多才多艺，可以主动邀请其协助谱曲；也可以充分利用家长的资源积极进行谱曲的创作。

四、物质文化，规范有序

班级物质文化属于班级文化的硬件，是班级文化的基础及水平的外显标志。正如苏霍姆林斯基所言："无论是种植花草树木，还是悬挂图片标语，或是利用墙报，我们都将从审美的高度深入规划，以便挖掘其潜移默化的育人功能，并最终实现墙壁也在说话的远大目标。"

对于小学生而言，教室是他们学习、生活、交往的主要场所，是老师授业、育人的阵地，是师生情感交流的空间。整洁、温馨的教室环境可以激发学生的学习欲望，陶冶学生的情操，从而达到启迪教育的目的。班级物质文化建设主要是教室环境建设，包括教室的卫生状况、环境布置、桌椅摆放、宣传栏设计、图书角美化等。班级环境和设施的布置在一定程度上反映出一个班级的精神面貌，对班级学生的言行产生潜移默化的影响。这些物质形态既是班级形象的外在表现，又是班级精神文化的间接体现。

（一）学生是班级的主人

在班级物质文化建设中，班主任应该充分发挥学生的主体性与积极性，调动学生主动参与。班主任可组织全班学生对教室进行设想与规划，让每面墙、每个角落都富有教育意义。

优秀班级的物质文化建设，应该凝聚师生的智慧与心血。首先，它符合学生的年龄特征和心理特征；其次，设计的过程本身就是教育的过程，能让学生从中发现美、感知美、创造美；最后，它呈现出来的面貌应该是真实、有个性且内容丰富多彩的。这样一举多得的教育方法，对学生的教育功效是不可低估的。

（二）每一堵墙都能说话

"让教室的墙壁会说话"，就是使有限的课堂空间有着无限的教育资源，并以此为中心进行教育辐射，直接对学生产生影响。教室有四面墙，还有门口、走廊，每个地方都可以充分利用起来。我们可以在教室门口醒目之处，悬挂设计好的班级名片，让人一眼就了解这个班级的班名、班级目标、班级口号、教师寄语等，它是班级的品牌形象，引领全班同学向更高目标迈进。每间教室的黑板上方都是悬挂国旗或格言。我们班黑板的上方贴着"汇聚英才，携手幸福"八个字的书法作品，它是我班"小书法家"嘉珊同学的作品。教室右面的墙壁上，贴着家委会朋友制作的"读好书，上好课"六字箴言，这不仅仅是对学生的要求，也是对我们老师的鞭策。希望"英才班"的每位学生都养成好读书的习惯，多读经典且把书读深、读透，且能积极主动与同学们分享。作为老师，要备好、上好每一节课，让学生在课堂上快乐学习，学有所获；作为学生，要努力做到三个"不"：不打扰同学听课、不东张西望、不做与课堂无关的事。教室左面的墙壁上贴着"写好字，走好路"六个大字，希望同学们写好字、做好人，课间轻声慢步、不奔跑、不打闹，做最好的自己，走好脚下的每一步。

教室的四面墙柱上，是家委会们共同制作的牌匾，上面写着"吉祥三宝"：

孝、笑、效；金玉良言：敬、静、竞。"百善孝为先"，在孩童时代，给学生播种中华传统文化提倡的"孝道"文化，让他们感悟到只有掌握高效的学习方法，多效仿身边榜样，笑对人生，才能用自己的好成绩、好习惯、好言行来回报父母亲人的养育之恩。"敬人者，人恒敬之"，一个人生活在世上，一定要有敬畏之心。另外，学习要有安静的氛围，静心学习、思考……对班级事务，要怀着一份敬畏之心，因为"静能生慧""非宁静无以致远"。沉淀出宁静的心灵，才能做一个有智慧、有谋略的人。

教室后边的墙壁上，是个性化创作展示区，张贴着学生的书法和绘画作品、读书小报、优秀习作等。这里是展现自我、张扬个性、分享成长的小天地，也是我们班的荣誉墙。学生借此扬帆启航，百舸争流，共同驶向理想的彼岸。教室的整体布置都有明确的主题，各个部分能在主题的统领之下，和谐统一。

（三）每个角落都赏心悦目

教室里的物品摆设不仅影响学生的空间视觉，还会分散学生的注意力。所以，整个教室的卫生和物品摆设需要精心设计，争取让每一个角落都赏心悦目，都有育人的功能。干净整洁的教室需要学生按时打扫，更需要大家自觉维护。在学习之余，做到不乱扔杂物，看到地上有纸屑主动捡起来，值日时把课桌椅摆放整齐、地面清扫干净等。在教室的一隅，放置几盆吊兰、水仙等绿色植物，能够净化空气，给人视觉享受，更能够使人神清气爽。学生很乐意去浇灌养护这些盆景，这也有助于培养他们的责任感。走进我们班，你会发现有一个温馨的角落，散发着知识的芬芳，那里有种类繁多、各式各样的书籍，这些书籍一部分是学生捐赠的，另一部分是我精心挑选购买的。这块小天地不仅充实了学生的课余时间，还调动了学生课外阅读的积极性。

此外，黑板报作为班级物质文化的重要组成部分，能够使学生得到知识的熏陶，又能培养锻炼学生动手动脑的能力。每个月我们围绕主题定期更换，充分发挥学生的创造性，给予学生展示才华的机会。

实践证明，优美的班级环境，能使学生自然而然地受到暗示、熏陶和感染，给他们增添无穷的学习和生活乐趣，同时也带来希望和活力，让学生享受一种高尚的文化熏陶。

五、行为文化，落地有声

班级行为文化，一般是指班主任设计并开展一些有针对性、有启发性、有教育性的班级活动，利用班级活动这一载体来推动班级整体的发展。行为文化是班级文化的灵魂。班级活动涵盖了主题教育、家务劳动、家长讲堂、外出实践活动等。丰富多彩的班级文化活动和家庭间结对亲子活动，联络了亲子之间的情感，使家校沟通的氛围更加和谐，锻炼了学生的生活技能，拓展了他们的视野，促使学生养成良好的行为习惯。我们的班本课程是班级文化的体现，刻录了美好的童年生活，奏响了纯真友谊的旋律，对学生的成长起到了"随风潜入夜，润物细无声"的影响。

最后附上《英才班誓言》每日诵读，与君共赏：

英才班誓言

我是英才学子，要知识丰富；

我是英才学子，要体魄健康；

我是英才学子，要感恩诚信；

我是英才学子，要文明勤奋。

我爱英才每一位，相聚是缘，我惜福；

我爱英才我的班，一言一行，增光彩。

我爱运动我乐学，优异成绩，敬父母；

英才因我而幸福，我为英才来祝福。

第二节 幸福班级的书香文化

班级文化蕴含着丰富的教育时机，是师生良好人格品质生成的动力和源泉。打造书香班级，离不开阅读，更离不开班本课程。新课标指出："要重视和培养学生广泛的阅读兴趣，扩大阅读面，增加阅读量，提高阅读品味，提倡少做题，多读书，好读书，读好书，读整本的书。关注学生，通过多种媒介的阅读，鼓励学生自主选择优秀的阅读材料。加强对课外阅读的指导，开展各种课外阅读活动，创造展示与交流的机会，营造人人爱读书的良好氛围。"这是我班推进阅读的原动力。根据不同年龄阶段学生的特点，依托新课程标准的要求，设计策划班级读书活动，开发班本课程，让学生从中受到熏陶，受到感染。这需要发挥班主任的引领作用，也需要家长的积极支持和学生的主动参与。

一、读书气息，芬芳丰盈每位学生

古诗云：腹有诗书气自华。想让每个学生爱上读书，我们要准备大量他们喜欢的图书，教室的书柜里要摆满可供阅读的书籍。我们班没有烦琐的借书制度，随借随读，随读随还。因为读书是一种文化，不分时间地点，不分年龄身份，任何人想读就可以读。

（一）诵读古诗词，润泽心灵

诵读古诗词，能涵养学生的"诗心"，让他们感受到中华传统文化的博大精深，做一个有"诗心"的人。小学低年级学生的记忆力好，善于模仿，但自制力较弱，可以通过推荐学生读一些朗朗上口的童诗和经典古诗词的方式，让小学生熟读成诵，用通俗易懂的歌谣，帮助学生尽快融入学校生活中，培养学生养成良好的行为习惯。

记诵《小学生必背古诗词75+80首》，能够让学生在唐诗中幸福地漫步，在宋词中温和地生活。两年时间，我们班的学生除了吟诵古诗词外，还利用晨读时间背诵了《弟子规》《朱子家训》、韩兴娥老师的《成语接龙（上下册）》等中华传统文化经典；师生一起共读了260余本绘本。到了中年级，学生开始诵读《小学生小古文100篇》，这些小古文是汉语言的典范，读起来朗朗上口，好玩又有趣。书中有古代圣贤的精华语录，也有描写四季山川的优美短篇。诵读中，我们时而捧腹大笑，时而沉静思考，感受着优雅精妙的语言带给我们的震撼。因此，建好班级诵读磁场，让经典的魅力，深深吸引着学生，是我开展书香文化的第一步。

（二）海量阅读，受益一生

高尔基说："书籍是人类进步的阶梯。"培养儿童早期的阅读能力，是我们给孩子人生发展最好的精神食粮。阅读，是孩子精神世界最好的营养，引领孩子爱上阅读就是让孩子与高贵的灵魂相遇。阅读是孩子后天习得的一种行为，孩子喜欢阅读，离不开对早期阅读的重视和有效引导。绘本是最好的阅读启蒙教材，能帮助孩子发展认知、发展语言，还可以培养孩子的专注力和想象力以及养成良好的阅读习惯，为日后的大语文阅读打下坚实的基础。阅读绘本，是书香文化建设的重头戏。

绘本是阅读的桥梁书，趣味性和教育性都很强，能让学生在享受阅读快乐的同时，在潜移默化中受到行为规范教育。每节阅读课，读到精彩的地方，我就带领孩子一起朗读；遇到故事性强的情节，我们就一起安静地默读；碰见喜欢的部分，我们就一起停下来交流书中的观点，猜测故事的发展。这样集中的阅读，在班级里形成一个强烈的阅读磁场，极大地调动了孩子们的阅读兴趣，把每一位孩子都卷进班级阅读的洪流中。

为了给班级学生提供更多的精神食粮，我经常询问家长们给孩子买过哪些图书。每次开家长会，我都会说，家长给孩子买书就得像给自己买衣服、买化妆品那样舍得。平时，我和家长们讨论最多的话题也是孩子看过的好书。每个学期的寒暑假，我都会精心挑选一些图书，让家委会的朋友们带孩子先去书店翻看一下，觉得合适，就果断买下来，作为班级的图书奖品。

在我的倡议下，班级家委会每个学期都会为班级集资购买一大批图书，分拣装袋后，发放到每个孩子手中。当学生拿到沉甸甸的一袋书，迫不及待地打开后，灿烂的笑容顿时在他们的脸上绽放开来。那画面，太美了！

安徒生文学奖获得者、美国当代杰出的儿童文学作家凯塞琳·帕特森说："世界属于读者。借助图书，我们可以去任何地方——去世界各地或者去遥远的星球。通过阅读，我们可以了解大自然的奥秘，我们甚至可以探究一个人的内心感情和思想。巨大的财富在等待我们。啊！我们所要做的只是打开书的封面，一页一页地翻下去。"

男孩子多活泼好动，有些学生特别喜欢昆虫。一次参观植物园，他们在草丛中发现了几只说不出名的小虫子，就停在那里半天不动，两眼放光。一个孩子像捡到宝贝似的偷偷地用纸巾和叶子把虫子包起来，带回班级。起初，我略显担忧，害怕虫子有毒，让他放下。他委屈地望着我说："我不想观察植物，只想看看小昆虫……"最终还是他的天真战胜了我的顾虑。后来，我发现他回到班级后，直接从书柜上取下《昆虫记》和《十万个为什么》，读得津津有味……站在窗户外面的我看着他读书的神情，开心不已。

（三）创意"聊书"课，收获良多

阅读可以让学生插上想象的翅膀，在知识的海洋中尽情遨游；交流可以让学生去体验、思考、演绎文字之外的大千世界。平时我们习惯了让学生写读后感，但学生并不是心甘情愿地接受。一次偶然的机会，我让爱阅读的孩子走上讲台，用自己喜欢的方式交流读过的书，无意之举竟点燃了全班学生读书分享的氛围。印象最深的是小王同学讲《射雕英雄传》，他把故事内容绘声绘色地演绎出来，让下面坐着的"听书者"兴趣盎然，坐得笔直，竖起耳朵，赞不绝口，个个摩拳擦掌、跃跃欲试。后来，我发现很多学生下课以后就自发地聚在一起津津乐道地聊书。我很开心把孩子们的阅读热情给"撩拨"起来了。于是，我们班就产生了每周一节"聊书"课，让孩子们用"聊"的方式分享、演绎书中的人物，进行有奖问答。当分享者在讲台上"侃侃而谈"读过的图书时，脸上洋溢着幸福的微笑；还没有读过这本书的同学，眼里则闪烁着羡慕的目光，恨不得下课后马上找来读一读。这样的读书活动，学生感兴趣，既能专注听同学讲，又有自己的思考和表达，还有参与的收获和快乐；这样的读书，既是学生的阅读加油站，也是班级文化的精神营养。

"聊书"课上，孩子们心中有故事后，就会以自己选取的书为荣，在班级阅读氛围的鼓舞下，借着读书交流，创造出不同的想象空间，培养了广泛的阅读能力。这样的活动，不仅为班级营造一种群体阅读的氛围，更让孩子们创造出一个与自己赛跑的健康阅读模式。

二、班本课程，靓丽的班级风貌

新教育实验发起人朱永新先生说："课程的丰富决定着孩子生命的丰富；课程的卓越决定着孩子生命的卓越。"十年前，几乎很多学校都有自己的校本课程。而如今，班本课程成为一些班级的特色，是一种新兴的班级文化生态。什么是班本课程？它是以本班学生为中心，建立在学生兴趣爱好的基础上，能满足学生的心理成长需要，由师生共同创造的班级文化，是在班级内实施的、有利于师生发展的课程。它是班级精神文化的重要组成部分。构建班本课程不仅能促进学生的个性化发展，还能够助力教师的专业成长。

（一）儿童歌谣，潜移默化润无声

小学低年级的孩子的有意注意力还不够完善，他们的专注力很容易被鲜活的、新颖的、有趣的事物所吸引。教室之外的小鸟、不经意的响声都会分散他们的注意力。但是，低年级又是培养学生学习习惯的关键期。学生只有养成良好的行为习惯，才能专心听课，学习才会有效率。

上课铃响了，有的学生还没进教室，有的学生进了教室坐在那儿打闹说话，怎么办？我们可以创建课前诵读的文化氛围，读一读班本教材里自编的歌谣《上课歌》。上课期间，有的学生跟不上节奏，一会儿走神发呆，一会儿玩尺子、橡皮等小物品，怎么办？让全班同学一起背诵《听课歌》。老师讲课或同学发言时，有的学生特别爱插嘴，怎么办？这些学生是缺少耐心，不愿意听人把话说完。为此，我们创编了儿歌《发言歌》和《只听半句》等。下课后，我们担心学生追跑出了安全事故，就在铃声响之前组织学生读一读《课间安全活动歌》和《走路静悄悄》；放学铃声响，领着学生边走边读《放学歌》和《礼貌歌》等，提醒学生作好课前准备，文明守纪，言行规范。这种歌谣游戏化的形式比起枯燥的说教或者板起面孔训斥，教育的效果要有效得多，学生也容易接受。

（二）心育课程，活动体验促内化

在班级管理中，培养人全面发展的教育才是班主任工作的核心任务和根本目的。现在的孩子见识广泛，我们说教一些大道理，他们根本听不进去，更别说能按我们的意思去做。那该怎么办呢？我们是否要思考什么样的教育才是有效的？那一定是触及孩子的心灵，走"心"的教育，才能够获得理想的教育效果。

小学中年级被称为"团体年龄"阶段，学生的自我意识开始萌发，呈现逐渐增强的趋势，对外界事物有自己的认识态度和自己的判断方式。他们很喜欢和同龄人待在一起，受同龄伙伴的影响特别大，经常出现一些不当行为，需要我们去矫正，比如学生群体中出现抄袭作业、动手打架、闹矛盾等现象。对此，我们可以设计微主题心育活动课程，开展一次心理健康游戏或者主题活动，再用阶梯式的辅导方法，让学生得到启发，对问题进行深度思考，从而找到解决问题的办法。

（三）实践活动，拓宽视野有收获

社会即学校，生活即课堂。一方水土养一方人，教师应该让学生了解地域文化，将地域资源文化有机地融入教育教学中，厚植家国情怀，滋养学生心灵。我们带领学生走进科学技术馆，感受祖国科技日新月异的发展，心灵受到了震撼；走进污水处理厂，探秘水资源，实地参观了解污水变成清水的复杂过程，培养节约用水、保护水资源的意识；带领学生走进虎门高铁站，感受家乡的发展变化；走进101指挥中心，参加警民共建活动；走上街头，体验一日小交警，做一名交通宣传员；走进社区志愿者服务，奉献一份爱心……每一次活动，我们都会提前构想、设计流程、收集反馈，让实践活动能落实到位。这些实践活动丰富了学生的生活，学生在观察、实践、体验中拓宽了视野，锻炼了综合能力。

第三节　幸福班级的沟通文化

家庭是孩子的第一所学校，父母是孩子的第一任老师，从某种程度上来讲，家庭教育比学校教育更重要。儿童时期是一个人情感、品德、性格形成和发展的关键时期，特别需要父母的关爱和正确的家庭教育引导。因此，提升班级家长的家庭教育素养和人文环境，是改进家庭教育现状的重要手段。

带班初期，家长们对家庭教育非常迷茫，他们迫切地希望教育好子女，但经常感到心有余而力不足，缺乏科学有效的方法。因此，班级成立之初，我就建立了班级微信群，借助网络平台，与家长一起学习，共同助力孩子的成长。

一、聊聊"班级微信群"的那些事儿

很多班主任不喜欢使用微信群，原因是有些家长喜欢在里面晒娃、拉票、炫富、拉家常……整天手机响个不停，信息量大，容易被打扰，不如用QQ群省心。有的班主任为了避免这样的情况发生，干脆就不用微信群。这是因为建群之初，没有约束好群规。为此，我就和家长委员们一起研究制定了以下群管理办法。

为了方便老师和家长的有效沟通，更好地了解孩子在群体生活中的情况，特制定如下管理办法：

1. 班级微信群只用于家校沟通交流，本班学生的父母方可入群。

2. 群成员一律实名制。教师命名规则：学科＋教师姓名；学生家长命名规则：学生姓名＋爸爸/妈妈。

3. 发布的信息要遵守国家法律法规，弘扬正气，传播正能量。

4. 微信群只用于家校沟通交流，不做聊天使用，个别孩子的问题要私信交流，不得在群内交流。

5. 交流中，禁止诋毁学校及师生形象，禁止出现有违社会公德、不文明、侮辱性语言，禁止出现或转发不良政治倾向、宗教、色情、暴力等内容。

6. 禁止复制他人的语言来刷屏（相同文字连续出现3次视为刷屏）。

7. 班级微信群内可以多表扬先进个人，多分享自己育儿的好方法。在群内一般只批评不良现象，不点名批评某个学生。

8. 班级微信群的管理员是班主任和科任老师，家委会会长是负责人，执行群规，负责群成员实名制、聊天监管、违规处理等。

9. 不在群内发布广告或红包或推销商品等与本群无关的信息。未经群主或管理员同意，不得擅自拉非本班级家长进班级群。

本管理制度自发布之日起实施，请遵照执行。

英才班家委会
2017年8月30日

有了群规，班级微信群就成了名副其实的家校合作窗口、家校联系平台、班级管理的智力资源库。比如，利用它来分享家庭教育经验，以提升家长的家庭教育能力；利用它来开展专题讨论，以帮助家长了解科学的教育理念；利用它来交流读书或育儿困惑，以改变家长固有的教育方式。

（一）家校共读一本好书

精读一本好书，遇见更好的自己，营造温馨的家文化。给家长推荐书籍，不如老师和家长同读一本书，让阅读成为一种家庭时尚，让读书交流会成为家校沟通的桥梁。为此，我们制定了主题为"同读一本书，共建一个家"的读书方案，提出阶段目标和具体推进方法。

第一阶段：班主任定必读书目，与家委会成员商议后进一步确定。

第二阶段：图书自行购买，阅读时要留痕，便于后面的交流。

第三阶段：一个月内读完一本书，在每个月末的周日晚20∶00-21∶00进行读书分享。

第四阶段：每月评选"读书之星"和"智慧父母"，共8人。

前期工作准备好以后，接下来把英才班一个学期家庭读书的书目发到班级群中，附上"父母好好学习，孩子才会天天向上"这句格言，温馨提示家长们提前阅读书籍，记录下自己的所思所感，共同交流，大家一起来"悦"读。到了月末的周日晚上，我会提前在班级群中发布这样一条信息：

英才班的家长朋友们：

晚上好！一周的工作辛苦了，今晚让我们在阅读中消除身心的疲劳，放松一下心情，相信我们积极主动参与分享，定会不负时光。今晚我们共读的是《陪伴式成长，和孩子一起成为更好的自己》，希望能够针对此书说说自己的真实感受，或者结合书中的某个内容谈谈你陪伴孩子学习中具体的做法或困惑，期待着家人们准时参与交流。

到了晚上19∶30，家委会会长再次在群里发出打卡小程序。家长们都会第一时间回复："小板凳已经搬来坐好了。"有的还调侃道："作好准备等着交流学习啦！"此时，电脑前的我和家长们心情一样，期待并享受着这样美好的夜晚。

在阅读《怎么说孩子才会听，怎么听孩子才肯说》这本书时，我们专门组织了一次"线上沙龙"，用具体的事例来交流怎样说孩子乐于接受；怎么做孩子才能真切感受到家长的爱；如何避免日常生活中无效的沟通。家长们在交流争论中越辩越明，找到了很多亲子沟通的小技巧。就这样，在不知不觉中，越来越多的家长爱上了读书，班级学生的亲子关系有了很大的改善。

（二）智慧家长育儿经

经常听到有人说，优秀的都是别人家的孩子，却从不去想一想优秀孩子的父母背后所付出的努力。"孩子的优秀，都浸透着父母的汗水。"不让孩子输在家庭教育上，就要营造家庭学习共同体的氛围，给家长创设一个交流的机会，让家长共同分享好的育儿经验，从而使班级每一个孩子都能在更科学、更有效的家庭教育环境中健康、幸福地成长。我邀请了部分优秀同学的父母现身说法，如立钒爸爸分享了"如何带孩子玩耍""哪些亲子游戏有助于增进亲子情感""如何做好孩子的榜样"等。其实，任何一个优秀的孩子，都不是横空出世的奇迹，都是有迹可循的结果。这个"因"在家庭，这个"根"在父母。教育孩子没有捷径，想要把孩子变成"别人家的孩子"，就要先变成"别人家的父母"。吴非爸爸分享了"如何智慧地表扬孩子""如何在孩子面前使用手机""细节决定成败"等等。其实，真正的教育就是拼父母的观念、生活方式、思维方式和处事方式。这两位爸爸堪称"中国好爸爸"！他们在教育孩子过程中的严、细、爱以及处处作表率，赢得了家长和老师的喝彩和敬佩。

借助这样的平台，让班级的家长相互交流，以优秀家长为榜样，向身边优秀的孩子取经，行走在科学育儿路上，努力成长为合格的好家长，为孩子一生的幸福奠基。

其实，在陪伴、教育孩子方面，不需要父母有多高的学历和文化，但是需要父母敬畏知识，重视文化知识的学习，需要父母持之以恒地督促孩子养成好习惯，身体力行为孩子作出表率。

（三）一封信暖人心

接手新班，我最喜欢的方式就是给家长们写一封信，用信来连接缘分，传递温暖。家长们也会在特别的日子里给我传来一封封信。这些信带给我无穷力量，同时也传递着家长们对我的称赞和认可。

在家庭教育中，我更在意父亲的担当与责任。我们班有的爸爸每周要给孩子读书三次；有的爸爸拿起笔来记下孩子的点点滴滴；还有的爸爸不论工作多忙，都会推掉一些应酬，早点回家陪陪孩子。印象最深的是吴非爸爸，无论工作多繁忙，都会精心给孩子选书、买书，陪孩子读书，每天尽量抽空接送孩子。那年教师节前夕，我收到吴非爸爸的一封书信，展开书信，我思绪万千。

感谢启蒙恩师

尊敬的武老师：

您好！

您陪伴了孩子小学阶段最重要的三年时光，为他们的成长打下了坚实的基础，让他们受益一生。

作为一名家长，对孩子们一路走来的点点滴滴，我全都看在眼里，记在心中，深知我们班每一个孩子的进步和成长都凝聚了您大量的心血和智慧。您的持续用心、您的责任感、您的热情和坚持、您的宽容和大度、您的上进和好学，时时刻刻都在影响着孩子和家长们。

您的用心，影响了很多人，我是受益者之一。尤其是下面这件事情，与众不同，让我记忆犹新，受益匪浅。自一年级开学起，我们就开始了每周日晚上八点至九点的学习讨论。我们都知道周末是私人时间，是用来休息的，而且您也有自己的家庭和孩子，您更需要利用周末的时间来陪伴家人。我想如果周末不开展任何与工作有关的事情，即使再挑剔的人，应该也不会有任何微词，但您却利用自己的私人时间，来引导我们进行教育孩子的学习讨论，给家长创造学习的机会，让家长不断地学习，与孩子一起共同成长。一开始，您来主讲，引领我们发言；接着，您选定主题，引导大家学习讨论；最后，您让我们自己报名主讲，激发了我们的热情。为了让大家畅所欲言，您中途基本不发言，只是结束时进行简单的点评和总结。但是我知道，整个过程，您同我们一样，一直坐在电脑前盯着班级微信群，留意着每个人的发言，而且这不是一个月、两个月，而足足有六个学期。如果以每学期二十周来计算的话，六个学期就是一百二十周。也就是说，在您的引导下，咱班的家长讨论学习了一百二十个小时，如果用整天来计算的话，比四天四夜还要多。我们心里都明白，如果对孩子不用心，如果对工作没有足够的热情，这样的工作很难开展，更不会坚持这么久。最重要的是，经过这么长时间的讨论学习，家长们的思想观念发生了改变，家长们知道了什么才是最重要的，知道自己该做些什么，该怎么做，知道怎样才能做得更好。

作为一名家长，我心里真的好满足，因为没有什么比孩子的健康和快乐更重要的了。特别感谢您让孩子们在一年级时把跳绳、做家务和阅读纳入常规作业中，您总是想尽各种办法来增加孩子们的阅读量，带领孩子们熟读经典，执行并坚持"漂流书"制度，让孩子们在班级群里进行"空中广播"，课前让孩子们登台展示自己，等等，这一切都饱含了您的智慧。我深知，如果什么都不做是很容易的，一点也不用劳力费神，但是如果要做一些事情，需长期坚持下去，并适当调整，这是很难的。别的暂且不说，光"漂流书"这一项，执行了三年，班级统一买了很多书，相对其他班级，咱班的孩子多读了好多书，激发了孩子们的阅读兴趣，养成了良好的阅读习惯。如果孩子们以后取得了很高的成就，我敢说和您在孩子们启蒙阶段引导他们阅读绘本，推动他们去大量阅读，培养他们养成的好习惯一定有很大的关系。所有的这一切，都是您饱含智慧的指导，而且在孩子们的身上已经留下深深的印记。

能陪伴孩子们三年已经非常难得，您已为他们的成长留下了深刻的印记，您的理念和方法已被孩子们消化吸收，并融入日常的学习和生活中。最后，感恩能遇到您，真的非常幸运和荣幸，更要感谢您对孩子们的精心指导和辛勤付出！

祝您教师节快乐！工作顺利，生活幸福！

学生家长：吴非爸爸
2018 年 9 月 8 日

二、英才班缤纷的假期生活

放假意味着学生将离开老师的视线，可以自由支配学习生活和娱乐的时间。对于自律性强的孩子来说，假期是忙碌而充实的。当然，也有一部分孩子则是沉迷于游戏和吃喝玩乐中，开学后"假期综合症"特别严重。因此，合理安排好学生的假期生活迫在眉睫。

英才班的假期生活是以习惯养成教育为主线，以感恩教育为载体，明确规定责任担当，来加强学生与父母的沟通交流。让孩子在生活中感悟父母的辛劳和关爱，懂得感恩与承担、付出与给予，培养学生良好的行为习惯，塑造新时代好少年。因此，我特意制定了"我是家庭小主人的行动"方案。假期布置学生回家做一些力所能及的家务，替长辈或其他亲人分担一些家务，本身就是一种孝道行为，传承中华民族的传统美德。让孩子做家务，不仅可以培养他们的劳动技能，还可以训练他们的观察力和生活能力。当家务劳动成了孩子们日常生活习惯，孩子也会有了成就感和责任感。

（一）小厨师养成记

假期里，"我是家庭小主人"的行动方案规定了孩子们跟着长辈学做一道家常菜，学生按学号轮流分享。每天两人发布做菜的详细过程，可以是录制小视频，也可以是习作或手抄报等。这项任务培养了孩子们生活的新技能，也为他们广泛学习和搜集积累素材创设了机会。孩子们通过一个假期的动手操练，学会做菜做饭，这是他们学习生活本领的好时机，也是他们将来实践生活本领的好方式。

新学期开学后，评选出10位"最佳小厨师"和10位"优秀指导家长"，进行奖励表彰，并将他们的照片张贴到班级墙报上。对孩子们来说，学做菜肴就是一个克服困难、不断尝试，最后收获成功果实的过程，也是培养他们解决问题能力的好机会。从"学做一道菜"到后面的"厨艺大比拼"，都得到了家长们的大力支持和称赞。

（二）个性化作品展

《语文课程标准》提出："教师要精心设计作业，要有启发性，分量要适当，不要让学生机械抄写，以利于减轻学生负担。"那什么样的假期作业才是孩子们喜欢的呢？我尝试设计了一份开放式的假期打卡作业，实现了课内外联系、校内外沟通，学科间融合，让假期作业成为培养和发展学生能力的一座桥梁，优化了家庭教育环境。在这个假期，让孩子们用自己喜欢的方式上交作业，或许能让人眼前一亮。为此，我在班级家长群发了如下信息。

家长朋友们：

上午好！我们缤纷的假期学习生活从今天就开始了，具体要求是：

1. 每天晚上23：00前完成两项不同内容的打卡（可以是工整有进步的一页练字＋自评与家评；可以是做家务劳动照片＋写下的心得感受；可以是自制的手工作品＋习作；可以是分享美食或传统节日习俗日记＋图片；也可以是运动图片＋心理感受；也可以是读书手抄报或一家人在一起读书会小视频或学习的感受＋照片等），鼓励孩子和家长一起创新别样的作业形式和内容。

2. 开学后评选最佳亲子搭档奖、最佳创意奖、最佳作品奖等。

3. 家长的提醒监督和鼓励执行，决定着孩子自主学习能力培养的成效，请认真对待哦！

温馨提示：可以参看要求，从以上参考的作业中任选五项左右完成，也可以创新，作业可以自己独立完成，也可以与父母合作完成，开学初以小作家出书的形式上交给我。

个性化作品打卡进行一段时间，有些人可能没动力继续前行。为了鼓励孩子和家长坚持做好这件事，我有针对性地了解部分孩子的近况，再作出些许调整。同时我温馨提示家长：

这段时间坚持打卡辛苦了，特别感谢你们的支持！我之所以这样做，主要是希望有一个相互学习的氛围，相互取长补短。最关键的是家长要知晓、明晰任务，能了解孩子每天在家的学习生活情况，养成收集孩子成长档案的习惯。一个人可以走得更快，一群人可以走得更远。其实打卡并不难，难的是孩子要认真对待，借鉴学习别人的做法，而不是为了完成每天的任务。用心的家长从中可以发现孩子的不足，借着假期有空闲时间，帮孩子一下，让孩子与优秀的同学为伍，这样会逐渐接近优秀孩子的圈子。毕竟成绩是孩子未来学业的敲门砖，这几年数据表明：我们东莞的孩子能够考上高中的不到50%。世界很美好，未成年的孩子自控力弱，父母和老师如果不监管，又怎么会有孩子自觉认真对待学习呢？

第四节　幸福班级的成长文化

德国教育学家第斯多惠提出："教学的艺术不在于传授本领，而在于激励、唤醒和鼓舞。"教育是什么？教育是师生相伴成长的过程。学生时代成长的印记，总会让人难以忘怀。这些刻骨铭心的记忆会引领孩子们幸福地成长，坚定地追逐自己的梦想。

一、发挥班长干部影响感召作用

班干部在班级文化建设中起着重要的榜样先锋作用。要善于培训好班干部并挖掘班干部的"闪光点"来影响和感染班级其他同学。班干部的影响力和感召力决定着一个班级的文明习惯和班风、学风的养成,是班级正确舆论导向的示范员、宣传员和监督员。班干部本身也是受教育者,当我们遇到棘手问题不便直接说时,让班干部去处理,同学、家长更容易相信或接受。比如让班干部每天或每周轮值一次,把班级发现的好人好事或不良现象,通报在家长群里,比我们跟家长说效果要好很多。

二、创业文化节思考

我们学校积极开展"四创教育":创业、创新、创文、创绿活动。从小培养学生的创业意识、创业能力、创业品质、创业乐趣,营造一种创业特色课程文化,给孩子带来无穷的乐趣和学习机会。英才班积极响应,在班级开展了美食文化节。我们记录了活动的点滴思考,此文公开发表在2020年的《德育报》上。

班级生活"错"出精彩

班级生活,无论是有序、有趣,还是有爱,最终都指向学生的自我教育。苏霍姆林斯基认为:"只有能够激发学生去进行自我教育的教育,才是真正的教育。"而培养学生自觉负责的管理精神和自我约束能力,就是我们班主任最应该重视和关注的一项工作。

(一)出错,案例回放促反思

周四布置作业的时间到了,一些同学围着我说:"老师,别忘记啊!"我不解地问:"忘记啥?"孩子们异口同声地说,当然是布置明天带食物开美食会啦!经过孩子们这一提醒,我忽然想起开学时和孩子的约定:连续获得三次以上文明班,进行一次美食分享会。既然说好了,孩子们都记着呢,开吧!我把要求写到了黑板上。顿时教室里的欢呼声和尖叫声震耳欲聋。但我觉得他们太吵,立刻说取消了,同时也说了另外三个可能不被认可的理由:本周校运会我们已经很开心了,把快乐的美食会延后(延迟享受原理);最近有同学发烧咳嗽不舒服（安全大于一切）；没提前和你们父母说准备好吃的，所以我们推迟到下周五进行（不打无准备之战）。没想到孩子们公开集体反对，俩班长带头说要写下来签名为证，还有一个孩子说要签订一份合同。这时另一个孩子马上补充说不行，还要按指印。让我吃惊的是十几个学生走上讲台把我围起来，有孩子抱住我，拿出写好的字条让我签名；而当我起身准备离开班级时，好几个孩子居然堵住门不让我离开。此时上课铃声已经响起，科学老师已经来到班级准备上课，我只好拿出班主任的威严训斥孩子们一顿后溜之大吉。回到办公室，我开始反思我的做法，知道自己做错了。

但是，让我没想到的是，第一节课下课以后，孩子们的表现让我大吃一惊。班里居然有一群孩子把合同和自制的印泥送到了我的办公室，让我签名、按手印。原来他们是来收集证据的。

这件事引起了我的美女搭档湘湘老师的注意和好奇，她拿起手机，拍下了眼前的一幕。等学生走后，我悄悄把刚才发生的事情和想法告诉了她，请她待会儿去班级帮忙引导一下孩子们。于是，第二节下课后又有很多孩子走进了办公室，我惊喜地收到了很多孩子写来的"安慰书"和"道歉信"，也有孩子以画来表达自己的内心想法，我深受感动、也深感惭愧！

（二）容错，顺应心理乐交流

孩子们在"出错"的过程中，怎样正确地面对自己或者别人甚至是老师的错误？答案是"容错"。那就顺应人的心理来谈谈心吧！

第三节课铃声响起，我走进班级。看着孩子们那一双双清澈的眼睛，我流着泪哽咽着说不出话来。我先承认了我的错，希望同学们原谅我，同时也和孩子们交流我为什么流泪。那是后悔的泪，是我在孩子们心中失去诚信的悲痛！那是自责的泪，用自己的方式去爱孩子，却不被接受的错爱！那是感动的泪，因为孩子稚嫩的心语令我深受感动！

接着我们围绕"爱的教育"进行了以下四点交流：

（1）刚才听了老师的话，你们有什么想法？

（2）孩子们可以直接表达自己的感受。

（3）以后遇到类似的事情，我们该如何处理？

（4）如何争取自己的权益并合理表达出心中所想？

这样做其实就是对孩子们进行诚信教育和正向引导。我要让孩子们明白我们错在哪里，同时也借此在班上给孩子们讲为人处世的真理：诚信做人，言而有信；遇事控制好情绪，要冷静思考，不能人云亦云等。

《战国策》的名篇《触龙说赵太后》中，大臣触龙曾经以"父母之爱子，则为之计深远"的道理规劝过赵太后。很多父母有远见，早早地会为孩子做长远打算，把做人最根本、最主要的东西早早地教给孩子，让孩子在风雨历练中独立成长。其实作为老师，我们也应该把握好教育契机，因材施爱，并且为之计深远。教育的过程也就是发现问题和解决问题的过程，在学生的成长成才的道路上，我们班主任就是他们的陪伴者和引领者。

苏霍姆林斯基说："若只有学校而没有家庭，或只有家庭而没有学校，都不能单独地承担起塑造人的细致、复杂的任务。"每一个学生的成长进步都离不开家长和老师的合力托举，每一项育人任务的达成都离不开家校的携手同行。对于这次突发的风波，我也是第一时间和我班家长进行了沟通。家长们看到我发过去的小视频和照片时，他们温情的话语温暖彼此，大家都开心不已。

（三）融错，合作共赢促成长

"把错误当作学习资源"是老师的口头禅，"闻过则喜"是孩子们的座右铭。而变"事故"为"故事"，需要我们有"容错"的能力。

在全班同学的共同努力下，我们的辩论会"明天开不开美食会"持续了半个小时左右。孩子们以充足的理由说服了我，获得了周五美食会的机会。看！美味可口的自制食物，热闹非凡的美食分享，我们笑着说着，把肚子填得饱饱的，快乐洋溢在孩子们的脸上久久不肯离去。美食会结束后，孩子们情绪高昂，有很多孩子自发主动地留下来清洁教室。他们纷纷表示，以后每天都要认真学习，管好自己，争取有机会再举办一次更丰盛、更热闹的美食会。学校不只是孩子们学习的地方，更是他们快乐成长和学会做人的殿堂。这次活动不仅让孩子从中得到快乐，还让他们建立起更深厚的友谊，使其互帮互助，懂得分享！

好班，应呈现出活而不乱的风貌。我希望我们所培养的孩子，做人有爱，做事有序，诚信待人，敢于挑战，有创新意识，也有能力给自己和他人带来快乐。英才班的生活，成长的精彩不容错过。感谢英才班53位可亲可爱的孩子们！感谢我的美女搭档湘湘老师和所有的家长朋友们！

三、庆"六一"感恩感动

走进五月，为孩子们的"六一"儿童节作准备是我的工作重点。为了让每个孩子都有登台锻炼的机会，征询班干部的意见以后，我在班级宣布了计划五月底庆祝儿童节。话音刚落，班级孩子就欢呼起来，集思广益，最后确定了我们用"才艺展示+感恩致谢"的形式来欢庆自己的节日。有的孩子利用课间时间在排练舞蹈；有的孩子组队排练小品；还有的在一旁围观，为同学喝彩。节日里，台上的演员们表现非常精彩，台下的孩子们掌声、笑声不断。这次活动我有很多收获与思考：孩子潜力无限，只要老师信任，积极搭建平台给孩子去展示，孩子们一定能够绽放精彩。比如：平时胆小的络络这次表演的魔术惊艳了同学们，纷纷问他是怎么做到的；灏天主创的小品博得阵阵掌声；默不作声的琪琪在舞台服装秀中走得那么自信。过节对孩子们来说，独乐乐不如众乐乐，集体狂欢，才有过节的味道。

表演结束后，开始"感恩致谢"活动：把孩子们提前写好的信放进盒子里，活动从抽信开始，抽到谁的感谢信，谁就和家长朋友互赠礼物、互相致谢、互相祝福和拥抱。当孩子们大声地喊出"妈妈（爸爸），我爱您"时，家长们都热泪盈眶。这就是爱的传递，爱的回报！

浩然妈妈读儿子的信很逗趣，在场的孩子和家长除了热烈的鼓掌声就是爽朗的笑声，因为浩然说将来参加工作后，把每个月的工资全部给妈妈，还要带妈妈到处旅游，吃喝玩乐。

络络妈妈读儿子的信，感动得泪流满面，紧紧地把孩子搂在怀里。让我没想到的是，络络在信的后面居然要感谢我，因为他一开始不懂老师的严格要求是真爱。那次老师找了妈妈聊天后，他改变了学习方法，成绩进步大了，懂得了老师对学生的爱是伟大的，是无私的，将来他会永远记得武老师。他妈妈的话刚说完，络络就跑到我跟前，给了我一个大大的拥抱。

教育是培养孩子的好习惯，更是教孩子懂得感恩与爱。借"六一"儿童节这个大舞台，让孩子们明白，感恩是一种积极的人生态度，感恩父母和老师的教诲，感恩同学的陪伴。以感恩的态度对待每一件事，我们的生活就会增添很多欢乐，也能体会到人间的温暖和人生的价值。

第三章

班级"慧"管理，成就最好的学生

"家家有本难念的经"，班班何尝不是有一群难管的娃？这些娃娃性格不同，特点不一，背后的家长更是多种多样。现在没有"智慧"二字，就谈不上管好一个班级。用"昨天"的方法教育"今天"的孩子去面对"明天"的挑战，是不是有点儿太天真了？不反思自己，总是埋怨学生的班主任，并不明智。

第一节 唤醒自我管理意识

一、自我管理的概述

（一）自我管理概念

发展受教育者的自主性、主动性和创造性是当代各国教育改革与发展的一大主题。在个体的主体性、自主性的发展过程中，自我管理起着非常重要的作用。离开自我管理，个体的主体性、自主性就无从谈起。可以说，个体只有具备自我管理能力，才可以成为一个真正自主的人。因此，在教育中培养学生的自我管理能力具有非常重要的价值。

自我管理的前提是：对自我有一个正确、清醒和全面的认识，明白自己应该做什么和能够做什么。当代著名管理大师彼得·德鲁克说："在能够成功地进行管理之前，人们必须确切地知道自己正在管理什么。"马斯洛说："自知看来是自我改善的主要途径，尽管它不是唯一的途径。"一个人只有在充分了解自己的优势、清楚自我的价值观和行为方式后，才能正确地定位自己的人生，将有限的精力和时间投入最能够发挥自己能力的活动中，减少不必要的精力和时间浪费。通过分析自我管理各环节可以发现，自我管理是一个不断循环、永远没有止境的过程。一个自我管理过程的结束，意味着另一个过程的开始，如此不断地发展，推动自我管理不断跃上新的境界。

赵海燕认为，自我管理能力是个体在自我认识、自我评价、自我发展的基础上形成和发展的。马金海等认为，自我管理就是个人能动地对自己进行管理，它是"在适应所处的管理环境，建立起清晰的管理目标的前提下，通过不断的自我认识、自我教育、自我激励、自我控制的动态过程，逐步趋向自我完善，从而在管理系统中发挥尽可能大的作用，以便使整个管理系统取得最佳的管理效益。它是人对自己生命运动的一种自我调节，是对思维运动和行为过程的一种自我控制"。

（二）自我管理状况

洪明在《我国少年儿童自我管理状况及研究》一文中指出，10.6%的家长认为孩子不可能管住自己，因此也就没有必要过早培养，29.8%的家长大体同意这种观点。32.8%的家长认同或比较认同"只要为孩子好，就可以不征求孩子的意见"；36.8%的孩子认为，自己的家长经常在作决定时不征求自己的意见。在具体的行为中，43.6%的家长喜欢操控孩子的时间，基本上把孩子的课余时间安排得满满的。

（三）小学生自我管理

很多小学生都不同程度地存在着自我管理方面的问题。例如：很多学生参加活动时会出现迟到的现象，而且部分学生已经习以为常；每当寒暑假，很多家长反映说孩子在家整天看电视或者玩游戏；有些高年级的学生，自己抽屉里的学习用品摆放还是凌乱的，总是找不到自己需要的物品；有一半以上的学生学习不够主动，没有找到适合自己的学习方法；学生的情绪管理不理想，与人相处不够和谐等。所以，对学生的时间管理、物品管理、学习管理和情绪管理等进行探讨是很有必要的。

通过问卷调查和与教师、家长的访谈，我对小学生自我管理现状进行了探究和分析。

表 3-1　小学生自我管理总体状况

自我管理总体状况	差	中等	好
人数	57	76	187
百分比（%）	17.8	23.8	58.4

从表 3-1 的数据中可以看出自主性差、中、好三个层次上的人数百分比。其中，自我管理较差的人占了 17.8%，自我管理中等的占了 23.8%，自我管理好的占了 58.4%。这表明，从整体来看，大部分学生的自我管理较好。从总体状况来看，当前小学生在自我管理过程中的自主性处于中等偏上水平。在各方面的自我管理中，水平差异不大，在情绪管理和学习管理方面做得比较差。家长和教师如果平时需要加强这两方面的教育。

小学阶段是个体发展的关键期之一，是一个人学习知识、掌握各种基本技能、形成良好习惯、培养良好品德的重要时期。这一时期所养成的习惯、方式方法会对其以后的学习及生活产生非常深远的影响。所以，小学阶段是培养个体自主性、主动性的一个重要时期。但是，在实际的小学管理中发现，不少教师在管理过程中整天看守着学生，亲自处理班级大小事务，仅仅把学生看作是被管理者。在这种管理模式下，学生事无大小都依赖老师，天天向班主任"打小报告"。有些学生还喜欢和老师"对着干"，故意不遵守纪律。其结果是：教师虽然付出了大量的工作时间，但由于不能充分发挥学生的自主性和积极性，管理效果并不好。类似现象不能不引起我们的忧思：从教育管理者的角度，应该如何帮助学生改变这种状况呢？答案就是：我们需要唤醒学生的自我管理意识。

二、主题班会，唤醒意识

为了唤醒学生的自我管理意识，带领他们共建优秀班级，我设计了以下的主题班会。

"优秀班级，你我共建"主题班会

【活动目的】

（一）让同学认识到个人和团体力量的重要性和必要性。

（二）通过团队活动，让同学们意识到团队之间应该互相理解，朝着同一个目标努力。

（三）引导同学们为建设新班级出谋划策，积极投身于班级建设中。

【活动准备】

（一）制作班会课课件。

（二）活动道具准备：糖果、彩色小纸片、小夹子。

（三）布置班会场地。

【活动过程】

（一）情境导入——出示班会主题

1. 同学们，有人把班级比喻成一个家，请问你希望生活在一个怎样的"家"里？（充满关爱、无比温暖、幸福快乐）

2. 怎样创设一个充满关爱、无比温暖、幸福快乐的像家一样的班级？我们这节课一起来探讨这个主题：优秀班级，你我共建。

3. 温馨提示：全情投入、大胆发言。

4. 围爱心圆。（安全、安静、迅速）

（二）个人力量至关重要——蜈蚣翻身

1. 我想我们每个学生都渴望生活在一个优秀的班集体中，那么应该怎么做才能建设一个优秀的班集体？为了解开这个谜团，我们一起进行一场活动：蜈蚣翻身。

2. 请学生读活动要求。

（1）请12位同学手拉手站成一排，组成一条大"蜈蚣"。

（2）要求第一位组员依次从第二、第三人拉手处，第三、第四人拉手处……一直到队伍最后两位的拉手处钻过去，第二位组员、第三位组员……跟随前面的组员一直钻完所有的拉手孔。

（3）在翻身过程中，不能回头，手不能断。

3. 访问学生的感受。

4. 活动开始。

5. 活动结束，学生说说自己的感受和想法。

6. 感受生活中的翻身困难。

7. 小结：是的，在蜈蚣翻身这个活动中，每一个学生都是关键点，缺一不可。只要有一个人翻不过去，活动就无法进行下去，所以我们首先要做好自己。假如遇到翻身困难或者无法翻身的时候，我们可以寻求帮助，相信一定有人愿意帮助你。

8. 请问没有参加活动的同学，你又有什么感受？或者给参加活动的同学一些建议。

9. 教师小结：同学们，我真为你们感动，为你们能尽力做好自己而感动。我想，这就是建设优秀集体所需要的第一重要因素：牢记自己是集体中的一员，在生活中严格要求自己，集体的发展离不开我们每个成员的努力。自觉遵守班级规定，听从老师的指导，还可以与老师一起探讨如何让集体更好地发展，为集体发展出谋献策。充分发挥自己的特长优点，积极参加集体活动，团结一心，为集体添光。我们还要督促集体中的其他成员不违反纪律，不给班级抹黑。

（三）集体力量魅力无穷——背"小衡"上学

1. 情境创设。

优秀班级，需要我们每个人的力量。假如，班里个别同学遇到了非常大的困难，我们应该怎么做呢？倾听小衡的故事。

2. 活动体验：背"小衡"上学。

3. 分享：你有什么感受、想法和决定？

4. 小结。

老师希望大家能在同学有困难的时候，积极伸出援手，热心地帮助他人渡过难关。同学之间要互相支持、鼓励、帮助。一个人的力量是弱小的，当我们结合在一起组成了团队，力量便开始强大起来，这就是团队的魅力。

（四）感谢的力量——幸福源于感恩

1. 同学们，刚才你们带给了我很多很多的幸福和感动。在刚才的活动中，或者平时的生活学习中，有没有你特别想要感谢的同学或者老师？让我们来感恩致谢好吗？

2. 请一个同学出来拿一份神秘的甜心礼物，把它送给你想要感谢的人，要求在送出前说出你感谢他的原因。

3. 小结：老师感觉到教室里有一种东西在弥漫：原来幸福，在于发现，源于感恩。

（五）群策群力——共建优秀班集体

1. 我们就是班级的主人，首先要自主，快乐是大家共同的愿望。我们和谐相处，共同努力，就能收获各种成功。呈现我们的目标：自主、快乐、和谐、成功。

2. 今天，大家在这节班队活动课中，人人都能做到"全情投入，大胆发言"，老师为你们点赞。老师将《众人划桨开大船》这首歌里的一句歌词"你加我，我加你，大家心相连"送给大家。你加我，我加你，大家心相连，共建"自主、快乐、和谐、成功"优秀班级。请现在庄严地写下自己的行动承诺吧！

3. 共建班级行动表：

班级目标	
我的承诺	1. 2. 3. ……

4. 班会活动总结：生活、学习在一个优秀的班集体是我们每一个人的愿望，建设一个优秀的班集体需要我们每一个人的努力！当我们尽力做好自己，积极为集体添光彩时，当我们互相支持、鼓励、帮助时，当我们"你加我，我加你，大家心连心"时，我想，优秀班集体，离我们不远了！同学们，让我们一起努力，共同把班级建设成一个"自主、快乐、和谐、成功"的优秀班集体吧！

三、目标设定，自我管理

清晰的目标会不停地激励我们把它变成现实。为了帮助学生成为一个会自我管理的人，带着明确的目标去做事，我们应该引导他们设定自我管理目标，通过耐心教育，使得他们逐步养成良好习惯，为他们的健康成长、全面发展作好准备。

（一）设定目标

当学生入读小学时，我们就给他们提出六年的自我管理目标：低年级的要求是"我管我"和"我管小组"；中年级是"我管班"和"我管年级"；高年级是"我管学校"和"我是小领导"。现在的孩子大都是独生子女，在家什么事都是父母帮忙做，所以自我意识非常薄弱。我们给孩子提出这样的要求：自己的事情自己做。围绕这一主题开设切实可行的主题班会。每天自己整理书包文具，每周认真完成值日任务，每人都承包班级的一项任务。同时争取家长的积极配合，下发学生自我管理项目，让家长明确地知道什么事情应该是孩子自己做的，家长不得包办；让学生明白自己需要管理的内容：要规划管理好自己的时间，确定自己的物品摆放在固定位置，每次需要都能找到。

（二）养成习惯

过多的包办，过多的限制，过多的干预，让孩子慢慢习惯了接受，习惯了求助。如何让孩子学会做事，真正展示孩子该有的自主、活力和风采呢？我们首先要做的就是让孩子自己的事情自己做。小学生已经具备了基本的自我服务能力，除了巩固他们既有的生活能力外，我们也应该为其制定一些新的生活技能目标，这样才能促进他们的成长，同时满足他们成长的荣誉体验。因此，我们应试着相信孩子是很棒的，让孩子试着去实现服务自我。这是一种自主意识、自主能力的培养。

许多时候如果学生能自己做好分内事，班级管理将不再复杂。如：每天放学我都要求学生摆好自己的桌凳才能离开，要让自己的座位及周围保持清洁，这无疑大大减轻了值日同学的负担。

（三）影响深远

记得在三年级的时候，班里能当班干部的人极少。调皮的孩子管不住自己，更不用说管班级；文静的孩子怕事，不敢大胆表现自己，做事情总是怕出错；懒惰的孩子只想着玩，根本不想多花时间为班做事。自从班里形成了一股"人人有事干，事事有人干"的风气后，孩子觉得自己没事做是一件难受的事情。为班级做事的过程中，学生找到了归属感，从而树立了班级主人翁的意识。孩子们都希望更多地证明自己的能力。有的孩子身兼多职，每天都忙得不亦乐乎。

第二节　开发自我管理课程

自我管理是发挥管理者自主性的一种管理方式，是以管理对象为主体的管理过程。对自我管理能力结构的考察，要与管理的过程紧密联系起来。心理学研究表明，自我意识是自我管理的心理机制。根据《小学生守则》和《小学生日常行为规范》，学生的自我管理主要包括时间管理、物品管理、行为管理、学习管理、情绪管理和关系管理。这六种管理相互联系，共存于个体的活动中，影响并制约着个体的自我管理过程。

一、时间管理和物品管理

（一）时间管理

什么是时间？时间是生命历程的组成形式，是一种宝贵的资源。人生就是由一分一秒的时间组成的。大家都懂得"时间就是生命"这个道理，但是由于每个人对时间的管理不一样，导致其人生结果截然不同。时间管理不是要把所有事情做完，而是更有效地运用时间。时间管理也不是完全地掌控时间，而是降低时间运用的变动性。时间管理最重要的功能就是：通过事先的规划管理，对人作出提醒与指引。

时间管理是自我管理最重要的指标，包括时间价值感、时间监控和时间效能感等方面。学生的时间管理能力的高低可以从学生对时间价值和使用状况的认识、自主支配的短期时间（如日常课余时间）、较长时间（如周末双休）以及长期闲暇时间（如寒暑假）的使用情况看出。时间管理能力差的人会经常浪费时间，例如：漠视自己的行动计划，使其越拖越长；当需要时，无法找到自己想要的东西；每天将大量时间用在一些无关紧要的事情上等。为了让学生掌握时间管理方法，我设计了以下主题班会。

"时间管理"主题班会教学设计

【活动目标】

（一）懂得时间的短暂性和宝贵性，学习如何提高时间的利用效率。

（二）学会管理自己的时间，懂得什么时候最应该做什么以及如何去做。

（三）学会珍惜时间，做时间的主人，把握好自己的人生方向，为自己的理想而奋斗。

【活动重点】

让学生明白时间是宝贵的，稍纵即逝，既不可以复制也不可以倒流；我们要充分利用每一分、每一秒去做有意义的事。

【活动难点】

帮助学生科学地管理自己的时间，提高学习效率，不虚度光阴。

【活动过程】

（一）什么是时间管理

1. 活动体验——什么是时间

让学生在一条绳子上标年龄，告诉他们，绳子的长度就是他们生命的长度。先让他们剪去自己的实际年龄，假设有80岁，现在是10岁，应该剪去八分之一。接着依次把睡觉、吃饭、起床洗漱等必须花费的时间剪掉，最后所剩下的时间，就是我们可以支配的时间。如果把剩下的全部时间用来做自己想做的事情，那么完成的那一刻，也就成为我们生命结束的时刻。学生边听边做。

学生在一点一点地剪绳子过程中，会深刻地体会到：从现在到自己事业有成的时候，真正可支配的时间有多少。接着让学生分享自己的感受，相信他们能真切地感受到时间的珍贵，我们可以把握的时间比我们想象中少得多。

2. 时间的特征

（1）你知道时间有哪些特征吗？小组讨论。

（2）PPT出示时间的特征。

（3）时间管理的错误认识。

（二）如何进行时间管理

1. 设定目标

为什么要有目标呢？PPT出示数据统计，让一生大声朗读。

2. 如何制定时间管理表

（1）理想的学习时间表要具备哪些要素？

（2）如何以行动配合计划呢？

（3）如何进行自我约束？

①改变你的习惯。

②修正你的态度。

③增加你的生产力：整理你的书桌、处理你的拖延心态。

3. 时间管理的方法

（1）以关键词来决定你处理事情的顺序：重要、紧急、不重要、不紧急。

（2）工作25分钟、休息5分钟的劳逸结合法。

（3）以番茄工作法原理来提高管理时间的效率。

（4）以时间日志法来管理自己的时间。

（5）制定具体细致的时间管理表。

①展示制作优秀的时间管理表。

②示范制定方法。

③学生尝试动手制作。

（三）小结

让生命之钟记录你度过的每一分钟，就能合理地利用时间。所以，我们要把每一分钟当成最后一分钟。如果大家都能记住这句话，我们就学会管理时间了——"时间就是生命，而一个人一生只有3天：昨天，今天和明天。"

昨天已经过去，永不复返；今天已经来到，但很快就会过去；明天就要到来，但也会消逝。这也是在提醒我们：要善于管理时间，珍惜时间，不要浪费时间，虚度年华。你忽略它，那它便是一文不值，你也就一事无成！如果我们想要成功，就必须把时间管理做得更好，必须提升做事的效率。一个人之所以会成功，就因为他在24小时当中做了有价值的事情。一个出色的人是善于管理和运用时间的人。

（二）物品管理

物品管理是一个人对自己所拥有的物品摆放、使用和维护的一种管理。学生的物品管理能力主要反映他们的生活自理情况，包括生活用品、学习用品以及金钱的管理与使用等。学生的生活用品包括很多，衣物类、餐具类和玩具类等等，这些物品不一定都放在学生自己的房间里，所以从学生对生活用品的摆放和使用情况，可以看出其家庭教育对这方面的重视程度。学习用品是学生使用最多的物品，如书架、抽屉、书包和铅笔盒等，一般摆放在学生自己的房间，有固定的位置。物品的摆放除了家长的提醒，还需要教师在课堂上帮助学生养成良好的学习用品管理习惯。

越来越多的家长重视孩子对金钱的管理，这就是人们说的"理财"。有教育专家认为，对孩子应从3岁就开始经济意识教育，传授理财知识，并制订各年龄段的教育计划。家长除了供给孩子最基本的生活必需品外，有些消费可让孩子利用自己的积蓄去进行。英国心理学家曾经对100名3—8岁的孩子进行调查，问他们：钱是从哪里来的？第一类答案是：钱是从爸爸的口袋里掏出来的；第二类答案是：钱是银行给的；第三类答案是：钱是售货员给的。只有五分之一的儿童会说，钱是工作赚来的。由此可见，绝大多数孩子不知道金钱的来历。我们应该让孩子从小了解储蓄的意义，并让他们体会利用自己的存款购买自己想要的东西的那种愉快和兴奋之情，从而懂得珍惜和培养有计划地管理金钱的能力。

"物品管理"主题班会教学设计

【活动目标】

（一）让学生学会整理分类物品，懂得整理分类的重要性。

（二）有整理自己东西的习惯。

（三）学会整理自己物品的方法，感受自理的快乐。

【活动重、难点】

让学生明白自己的事情要自己做，感受自理的快乐；明确自己的事情自己做的重要性。

【活动过程】

（一）认识物品管理的重要性

1.图片对比，引起关注。

你是否关注过自己的抽屉和书包是整齐的，还是凌乱的？

2.物品管理在生活中处处可见。

（1）我国古代就有"师出以律"之说，意思是军队一出动，就必须约束以纪律。这一点，古今中外，莫不如此。这是因为军队是执行政治任务的武装集团，是高度集中的战斗组织，从起居作息、服装穿戴到作风养成等，都必须适应训练打仗的需要。

（2）图书馆的书籍管理整齐有序的重要性。

（3）菜市场的蔬菜有序摆放的重要性。

（4）厨房的物品管理有序的重要性。

现在你一定认识到了，物品管理有多重要了吧！

（二）动手整理自己的抽屉和书桌

1. 动手做一做：着手开始整理自己的抽屉和书桌，做到整齐有序。

2. 动眼赏一赏：整齐美观的班级文化。

（三）日常生活中的物品管理

1. 展示日常生活中，该如何整理自己的物品。

2. 如何才能做到整齐有序地整理自己的书包？

3. 全班比赛既快又齐并且有序地整理书包。

（四）制订物品管理计划

1. 给自己的物品进行分类

2. 物品管理的计划内容

（1）可以保留的物品。

（2）可以捐赠的物品。

（3）有害、要处理的物品。

（4）无用、要处理的物品。

（五）小结物品管理方法

物品管理方法：把物品分类摆放，发挥收纳品的作用，固定时间收拾一次，养成整理物品的习惯。

二、行为管理和学习管理

（一）行为管理

培根说："习惯是一种顽强的巨大力量，它可以主宰人生。"叶圣陶先生说："教育就是习惯的培养。"良好的行为习惯是形成良好个性品质的基础，是保证学生健康发展的先决条件。培养学生良好的行为习惯是基础教育的重要任务。对小学生的日常行为，一般依照《小学生日常行为规范》和《小学生守则》进行评价，并按照既定的行为规范管理学生的行为。许多事实说明，从小养成良好的行为习惯，将会使孩子受益终身，而不良行为习惯却贻害无穷。学生良好行为习惯的养成并非一朝一夕就能完成，我们应当将其作为一项长期的工作来抓。

"学行为规范，做文明学生"主题班会教学设计

【活动目标】

（一）加强学生的行为习惯的养成教育，提高文明素质，养成文明习惯。

（二）培养学生自我管理、自我完善的意识。

【活动重、难点】

培养学生自我管理、自我完善的意识。

【活动过程】

（一）导入

1. 教师：同学们，咱们开学已经两个多星期了，我不知道大家对《小学生日常行为规范》和《小学生守则》是否有所了解，又是否落实到行动中了。今天我们就针对这个问题举办一次班队活动。

2. 给文明下定义：文明指一种社会进步状态，是人类在认识世界和改造世界的过程中所逐步形成的思想观念以及不断进化的人类本性的具体体现。它与"野蛮"一词相对立。

（二）展开主题

1. 你知道市民最反感的十大不文明行为分别是什么吗？（图片展示反面例子。）

2. 说说你都知道哪些文明礼仪？

3. 你能说说我们应该在哪些场合讲究文明礼仪吗？（学校、家里、街上等）

4. 事例警示：在国外，只写给中国人看的话。

5. 阅读故事：一位年轻人因为一个小小的不文明动作而失去了工作。

6. 文明与不文明的对比。谈感受。

7. 出示20条日常行为规范。（生齐读）

（三）如何管理自己的日常行为

1. "文明人"自测：你是一个文明人吗？

2. 管理自己的日常行为，应该做到哪些？

3. 快板表演：《我们从小讲规范》。

4. 针对案例进行讨论：良好行为对我们学习生活的影响。

5. 诗歌朗诵：《种下一个好习惯》。

6. 常记文明用语：您好（你好）、再见、对不起、没关系、麻烦你、不客气、谢谢、不用谢、请问、请稍等……

（四）判断行为的对错

1. 不满13周岁的孩子不能在道路上骑车。这是交通规则规定的。（　　）

2. 不入二厅是指不入游戏厅和舞厅。（　　）

3. 评三好生只需思想品德好和学习好就行了。（　　）

（五）情景剧表演

请各组派一男一女两名同学，送出的同学按性别分成"绅士组"和"淑女组"，轮流进行各项社交礼仪的模仿。同学们进行点评，评出优胜组。通过各位参赛选手的表演，让大家切身感受到文明的行为给人们带来美的享受，从而将文明的行为贯穿于一日生活之中。

（六）班级全体学生宣誓

向不文明现象宣战；争做文明学生，创建文明校园！

（二）学习管理

我国当代教育家叶圣陶明确提出："什么是教育？简单一句话，就是要养成良好的学习习惯。"学习习惯是指学生在长期的学习实践中逐渐形成的不需要意志努力和监督的自动化行为倾向。学习习惯的养成是学生取得好成绩的前提。学习习惯有好坏之分，例如：课前做好预习、上课能够专心听讲、认真完成作业等都是良好的学习习惯；书写潦草、审题不认真、做题马虎等都是不良的学习习惯。良好的学习习惯可以让学生轻松快捷地学好知识；而不良的学习习惯不仅会增加学生的学习负担，而且有损学生的身体健康。所以古今中外的很多教育学家、心理学家都非常重视培养学生良好的学习习惯。

什么是学习管理？学习管理是指学生依靠主观能动性，按照学习目标和要求，根据学习情境和进程，有意识地对自己的学习思想和行为进行转化、控制和监督。

"掌握科学的学习方法"主题班会教学设计

【活动目标】

（一）了解不当的学习方法的危害，知道掌握科学学习方法的重要性。体会不同的学习方法。重点掌握如何制订学习计划，寻找适合自己的学习方法与策略，提高驾驭学习的能力。

（二）提高对探索和掌握科学学习方法重要性的认识，从培养和提高自己的学习能力着手，积极探索，寻找出适合自己的一套行之有效的学习方法，为学会学习和终身学习打下基础。

【活动重、难点】

引导学生寻找适合自己的学习方法。

【活动过程】

（一）学习的目的

1. 你为什么而学

2. 学习动机测试

3. 学习的长期目标和学习境界

（1）由一个又一个的短期目标达成最终的长期目标。

（2）学习境界分三层：苦学、好学、会学。

（二）如何管理一天的学习生活

1. 制订一天的学习计划

（1）一天的学习计划有哪些内容？

（2）如何科学管理"课前预习、课堂听讲、课后复习、完成作业"这四大项学习内容。

（3）如何进行课前的预习才最有效？

（4）课堂上该如何学习才高效？

（5）课后复习该怎么做？

（6）对于完成作业，你有什么心得分享吗?

（三）学习动机的重要性

1. 故事启发：《60分万岁》

2. 讨论

冬冬和丽丽对待学习有什么不同，分别有哪些表现?

3. 两种截然不同的学习动机

（1）学习动机缺乏和学习动机过强都将导致不良的情绪。

（2）学习动机的强度对学习效果的影响。结论：学习动机缺乏或过强都不利于学习，只有强度适当的学习动机才能促进学习。

（3）小结：要知道把试卷扔进垃圾桶，永远不是最好的解决办法。"真的勇士，敢于直面惨淡的人生。"让我们正视那张试卷吧。

（四）辩证地看待成绩，树立信心

1. 理性地认识考试的作用，祛除心理压力。

2. 听一听失败的心理实验，说说自己的感受。

3. 失败仅仅存在于失败的人的心中。失败就是自己的一种感觉，是在通往目标的过程中，由于自己的行动多次受阻而产生的绝望感，是自己在自己心中滋养起来的"纸老虎"。只有屡败屡战的人才是真的英雄!

（五）归因分析

1. 找到成功与失败的原因

2. 找到影响学习的主要原因

3. 遗忘曲线对学习的影响

（1）什么叫遗忘曲线?

（2）了解遗忘规律。

（3）如何利用这个规律帮助我们学习。

（六）学习策略的重要性

1. 有目的地计划和优化学习的过程。

2. 学会知识的理解、记忆和运用的方法。

3. 懂得科学用脑和心理调节的方法。

（七）提出建议

1. 了解自己学习特点和现状，列出每日学习的任务。
2. 了解每日可自由支配的时间有多少，合理安排自己的学习时间。
3. 确定自己的长期学习目标。

三、情绪管理和关系管理

（一）情绪管理

小学生在心理上可能会出现各种困扰，特别是一些负面情绪，对其身心健康都会造成危害。因此，我们需要加强对小学生心理健康教育，提高其情绪认知能力；指导学生掌握情绪管理的方法，提高管理情绪的能力。所谓情绪管理，就是指个体和群体对自身情绪和他人情绪的认识、协调、引导、互动和控制。我们要充分挖掘和培养学生的情绪智商，提升他们驾驭情绪的能力。只有提高对情绪的自觉意识，控制情绪低潮，保持乐观心态，才可以不断地自我激励、自我完善。

情绪的管理并不是要想办法解除或压制情绪，而是在觉察情绪后，调整情绪的表达方式。有心理学家认为情绪调节是个体管理和改变自己或他人情绪的过程。在这个过程中，通过一定的管理策略，使情绪在生理活动、主观体验、表情行为等方面发生一定的变化。情绪固然有正面和负面，但关键不在于情绪本身，而是情绪的表达方式。以适当的方式、在适当的情境、表达适当的情绪，就是健康的情绪管理之道。

"我是情绪小主人"主题班会教学设计

【活动目标】

（一）使学生初步了解情绪是人的心理活动的重要表现。

（二）引导学生学会正视自己的情绪，认识情绪对自己身心的影响，帮助学生明确情绪调节的必要性。

（三）掌握调节情绪的有效方法，并学会在实际生活中调节和控制自己的情绪，做情绪的主人。

【活动重点】

让学生学会通过多种方法来调节自己的情绪。

【活动难点】

情绪调节方法的应用，引导学生用合理的想法来代替不合理的想法，并将其应用于实际生活中。

【活动准备】

（一）气球1个

（二）情绪调节方法介绍材料以及贴纸若干

（三）背景音乐以及放松练习指导语

【活动过程】

（一）活动导入

游戏引入：看表情，猜情绪。

通过热身活动，全体学生进入心理课轻松愉快的氛围中。同时，学生体验情绪的四种基本类型：喜、怒、哀、惧，并初步理解情绪觉察的重要性。

（二）情绪知多少

1. 什么叫情绪

2. 情绪词语接龙

全班分成四组，各代表喜、怒、哀、惧四类情绪，看哪个组说出的这类情绪词语多。

3. 情绪的作用

（1）你觉得你有压力吗？有什么压力？

（2）压力加大了会怎样？

（3）实验体验："气球爆炸"。

（4）谈感受。

（5）故事拓展：《诸葛亮三气周瑜》，你有什么感受？

（6）你该如何调节自己的情绪呢？

（三）调节情绪小魔法

1. 注意转移：故事拓展。

2. 意志控制：故事拓展。

3. 想法改变：故事拓展。

4. 合理发泄：情境演练。

5. 认识改变：故事拓展。

6. 开心常伴法：故事拓展。

（四）放松训练

请同学们根据自助放松的要求，在需要的时候进行自助放松训练。

（五）反馈总结

本节课，我们体验了四种基本的情绪类型，讨论了情绪产生的原因，了解了情绪调节的不同方法，并进行了放松训练。

情绪是一个人心理能量的调节器，它可以发动人的行为，确定人的行为方向，对人具有无法估量的感染力。我相信同学们可以通过科学有效的方法调节自我情绪，做自己情绪的主人，让自己的心理世界更多地呈现一片晴空。

（二）关系管理

心理健康的人是乐于交往，既愿意表达自己的喜怒哀惧，又能坦然接受别人的言谈举止，容易与周围的同学保持一种和谐的交往关系。健康的人，不仅指没有身体疾病，还要有完整的生理、心理状态和社会适应能力。从这个意义上讲，人际交往是人类维持心理健康的重要保证。

人是有感情的动物，人的情绪体验往往决定人的心理状态，而情绪的困状又大多表现在人际关系上。人有相互交往的需要，当一个人有了群体归属感才会有安全感，才会消除孤独感，形成愉悦的情绪体验。人扮演着不同的社会角色，在与其他人接触时，不同的角色有着不同的行为规范，所以在和不同的人相处时，有不同的要求和技巧。培养自己多方面的兴趣，以爱好结交朋友，是一种好的提高交往能力的办法。另外，互相交流信息、切磋自己的体会也可融洽人际关系。人际交往使人增长才学、开启心智。我们要适应社会、准确定位，首先要认识自我、完善自身，才可以协调关系、攻克难关。这些是人走向成功不可缺少的因素。人际关系是一门艺术，所有的人都需要不断地学习和实践，才能臻于娴熟，建立和谐的人际关系。

"关系管理"主题班会教学设计

【活动目标】

(一)让学生明白有效的交往能够使生活更愉快、精神更振奋、身体更健康。

(二)让学生认识友谊的重要性,掌握一定的交往技巧。

【活动重难点】

讲授人际关系的方法和策略,让学生能够真正理解并运用。

【活动过程】

(一)活动体验:理解的多样性

1. 活动一:折纸、撕纸

2. 活动二:眉目传情

规则:选两组进行竞赛,把词语的意思用动作来表达,从前面的同学一个接一个地传到最后的同学,猜中意思的那组为胜利。

3. 活动小结

人际理解是学会尊重和学会做人的重要内容。

(二)活动启发:理解在于倾听

1. 故事:《听的艺术》

2. 话剧:《小航的烦恼》

3. 小结

(1)不良的倾听方式有哪些?

(2)倾听的要素:倾听+动作+表情+语言+态度。

(3)身体会说话:学会解密同学或小伙伴的肢体语言。

(4)做一个高明的听众:正视眼睛、身体向前倾、竖起大拇指、点头、微笑、用心、专心。

(三)学会艺术地拒绝

1. 判断

下面哪种情况应该拒绝?

2. 说"不"三部曲

第一步:聆听;第二步:判断;第三步:拒绝。

3. 活动游戏体验

4. 感情合作的技巧

（1）团队至上，有共同的目标。

（2）计划与策略。

（3）良好的沟通。

（4）发挥成员的个性和能力。

（四）小结感悟

假如我们能团结互助，找到一位出色的领导者，每个同学都有共同的目标，并准备为这个目标各尽所能，全力配合领导的指挥，掌握合作的技巧，那么难事也可以迎刃而解。

（五）如何积极处理冲突

1. 四人小组表演

面临下列情境，你会有什么反应？并选择其中一组情境表演小品。

2. 五种处理人际冲突的策略

面对冲突，不同的人会采用不同的策略。一般来说，有以下五种处理人际冲突的策略：回避、强制、克制、妥协、合作。不同的处理人际冲突的策略也会带来不同的结果。

3. 如何达到"双赢"

（1）故事交流：《三枚金币》。

（2）集体交流：这个故事带给自己什么启示或联想？

（3）小结：互相敌对和互相损害意味着共同失去。面对冲突，只要采用合适的解决策略，便可以"双赢"。

4. 化解冲突，提高适应能力

（1）沟通时要坦诚，接纳彼此的看法，并积极地倾听对方表达的信息。

（2）彼此的要求和请求要合情合理。

（3）培养幽默感，给予对方适度的赞美。

（4）关心对方，尊重他人。

（六）学会道歉

第三节 掌握自我管理方法

一、培养学生自我控制能力

高尔基说过："哪怕对自己一点小小的克制，也会使人变得强而有力。"可见，从小培养孩子的自我控制能力尤为重要。具备自我控制能力是个体解决问题、相互交往、适应社会的必要条件。如何培养提高学生的自我控制能力呢？

（一）延迟满足学生的需要

心理学家通过多年的跟踪研究发现，那些用坚韧、顽强的毅力克制自己欲望的孩子，更稳重可靠，更能快速地适应环境，人际关系更融洽。而那些克制力差的孩子则显得固执、孤僻、易受挫折，遇到压力易退缩，面对竞争易发慌。在日常生活中，要有意识地训练学生学会等待。当学生提出某些要求时，可视情况延迟满足学生的欲望，让孩子等上一段时间后再实现他们的愿望。孩子有了这样的体验后，慢慢便学会了等待。于是，学生就能逐渐养成耐心和自控的习惯。

（二）用名人故事引导学生

很多名人故事一直影响着数代人的健康成长。到了中高年级，教师可以适当引导学生多读一些名人故事。多数名人故事具有很强的人文背景，有助于提高学生的内在人文涵养，也有助于开阔学生的文化视野。

（三）懂得释放自己的不良情绪

很多学生遇到不愉快的事时，情绪会很低落。我们可以通过主题班会，让学生明白：如果能将心里的话说出来，感觉会没那么难受。说出心里话的方法有很多，可以找信任的人聊天谈话，也可以自己写信、写日记。只要一股脑儿地把自己的不快吐出去，得到理解、同情、安慰和指导，就达到自我调节的目的了。有的学生不敢哭，怕被人笑话。我常跟他们说，哭也是一种自我调节，哭可以把心中的郁闷通过声音、眼泪和表情释放出来，把不幸与痛苦在身体内产生的有害物质通过泪水排泄出去，从而达到调解情绪、消除压抑感和维护心理平衡的作用。

学生要有健康的兴趣爱好，以爱好陶冶性情，提高文化素养，保证精神和心理的健康。人体通过运动能增强机体的免疫功能，提高人体对外界的适应能力。很多孩子很喜欢听音乐，语文课上，我会根据课文内容放一些音乐和孩子们一起赏析，让他们懂得：音乐对人有镇静、安定、调整情绪的效果，可以陶冶心情、鼓舞斗志、改善大脑功能。经常欣赏音乐，可以帮助人克服焦虑、孤独、忧郁、懦弱、兴趣索然、想入非非等缺陷性心理因素，取而代之以开朗、轻松、快乐、振奋、愉快的良好心态。

二、提升学生管理班级能力

规章制度的作用，在于明确能做什么，不能做什么，应该怎样做，做成什么样。严格而完善的管理制度是自主管理顺利实施的保障。由于小学生年纪比较小，要求他们自觉地自我管理，或者去完成一些管理任务是比较困难的。教师必须制定一些具体可操作的管理制度，然后逐步实施，慢慢培养学生的自我管理能力。

（一）让学生成为班级管理的主人

每个学生都有自己的特长，有些表现较为明显，有些却隐藏在内，这需要班主任非常细心地去了解学生，根据个人不同的特长安排任务，实现"人人有事干，事事有人干"的班级管理模式。

由于小学生的能力有限，如果安排的任务超出其能力范围，学生便会感到有心无力。例如，让一位组长收一个大组的作业，需要十分钟左右的时间，还会出现不知道有哪些同学没有交作业的问题，有时催一些不自觉的同学交作业会令组长产生厌倦的情绪。其实，我们可以缩小管理的范围，以便扩大管理的效能。我们班实施的是四人小组的管理模式，每四人一个小组。小组长的任务虽然很多，但他们只需要管理三个人，工作量有限。小组长还会轮换，让每个学生都有当班干部的机会。

责任承包制也是一种很好的管理方式，把班务分成细小的多个方面，让学生根据自己的特长分别承包其中的一项来管理，制订责任承包管理计划，形成承包管理规定，让每一个学生明确责任。这样确保了每位学生都有机会管理班级，增强了学生对日常行为的自我约束，同时也增强学生的班集体荣誉感和自豪感，从而激发学生主动参与班级管理的积极性，并从管理者的角色中学会管理他人，管理自我。

（二）培养敢管、会管的班干部

选任班干部有多种方式，可以由学生推荐、教师选定、学生自荐等。当学生成为班干部以后，他们在管理过程中会出现各种各样的问题。例如：有的学生不敢管，生怕同学会不喜欢自己；有的学生很懒散，只顾自己玩，不愿意付出；有的处事不公平，引发他人的不满；有的有勇无谋，盲目管理招来同学的投诉。想要班干部敢管、会管，就得让他们有权可使，有规可依。

首先，要树立班干部的威信。我定制了"优币"这一奖励工具，还用班费购买了一些学习用品。当班干部在管理过程中发现某个同学在某一方面表现优秀就把优币发给他，一星期下来，谁的优币积累得最多就可以得到老师的一封表扬信和一份学习用品。一星期大概奖励三至五位同学。有时间我还会带全班到操场玩，表现好的同学可以先挑选器材，让他们感受到：表现好总是能得到各方面的优先对待。这样班干部的言行就有威信了。班干部还可以根据自己的工作需要收"徒弟"，让"徒弟"帮自己做事情。当然"师傅"要首先培养好"徒弟"，让他们有管理的能力。

其次，要不断完善班级管理制度。每学期初，我都会和学生一起制定班级规章制度，主要根据学生的年龄特点进行修改。制度的建立既要符合学校对学生管理的精神和原则，同时又要切合学生的实际，使学生心服口服。这样的制度才能被学生自觉内化为自身的要求，自主管理也就顺理成章了。如根据我们学校制定的《学生一日常规》来制定我们班的班规。在实施制度的过程中，如果发现有漏洞，教师要与学生共同商量方法解决，从而制定新的条例。班级的规章制度要具有可操作性，否则管理会有困难。例如，让班干部管理学生认真早读，大部分学生是不会听的，一定要等老师来了，他们才安静。我们班则实施"早读通行卡"的方法进行管理，哪位同学认真早读，管理员就发一张绿卡给他。等老师来了，发现谁没有绿卡就知道谁早读不认真了，课后会对其进行教育。这样学生早读时就想要争取得到绿卡，有了早读的动力。管理的同学操作起来也简单有效。

三、优化自我管理评价策略

如何教育孩子们具体做好自我管理呢？我根据《小学生守则》和《小学生日常行为规范》，制作了小学生自我管理评价表，具体罗列了六个方面的评价，每个方面具体做好五点。

（一）让时间看得见，物品找得到

时间管理方面包括：每天都能按时起床，不需要父母叫；每天放学后，能按时完成作业；周末时，能安排好玩和学习的时间；与别人有约定，能按时到达见面地点；有时间观念，能安排好自己的事情。物品管理方面包括：每天起床后，把被子叠放整齐；能把衣柜里的衣服叠放整齐；回家后换好鞋子，并把鞋子摆放整齐；自己的物品有固定的位置摆放，使用后放回原位；每次外出时，能带齐自己需要用的物品。

从安排每一天的时间，计划每一周的时间，到时间观念的养成，学生应该从小事做起，在头脑里形成时间管理的意识。班主任应教导学生从被子、衣服、鞋子和学习用品等生活用品的整理做起，使其养成习惯，随时随地做好物品管理。如何细化每一条的评价，让孩子们做得更好？这需要我们的细心观察，用心琢磨，让孩子们时常看得见时间，随时找得到物品。

（二）让行为有修养，学习有方法

行为管理方面包括听从长辈的教导，外出或回到家主动打招呼；不随意翻动别人的物品，不打扰别人工作或休息；答应别人的事努力做到，做不到时表示歉意；遵守公共秩序，爱护公物；主动为集体做贡献，见到需要帮助的人会主动帮助。学习管理方面包括在学期初制订好一学期的学习计划；上学前会把自己的学习用品准备好；课前做好预习，课中认真听做笔记，课后自觉完成作业；会比较不同学习方法的利弊，选择适合自己的方法；会做学习总结，找到学习的规律。

无论何时何地，只要孩子学会尊重他人，严于律己，文明有礼就不难了。生活习惯好的孩子，学习习惯也会很好。科学的学习方法需要有智慧、有目的性地寻找。教师只有不断学习，才能帮助学生学会学习。

（三）让情绪受管理，关系更融洽

情绪管理方面包括：在家不顶撞父母，能讲道理；考试不好时，情绪不会很低落；遇到挫折时，能很快调节自己的情绪；被批评后，不过于忧郁，能乐观面对；一个人时，不会感到孤单郁闷。关系管理方面包括：能很快发现共同话题，与别人打成一片；与别人交谈时，会注意对方所表达的情感；采取别人乐于接受的方式给予其帮助；需要时会请同学和朋友帮忙；别人不开心时，会安慰他。

随着学习压力的增加，孩子们的情绪管理难度会逐步增加，这是值得我们班主任重视的一个问题。要让孩子们了解"情绪"是什么，以及管理情绪的方法有哪些。当孩子们看清楚"情绪"的真面目，掌握管理情绪的有效方法时，他们就不会受情绪的控制。情绪管理得好的孩子，人际关系也会比较和谐。

第四节　完善自我评价制度

一、激发动机，不忘初心

（一）放大学生优点，表扬大多数

评价要最大限度地调动学生的积极性，不仅关注结果，更要注重学生成长发展的过程，有机地将终结性评价与形成性评价结合起来。其实每个人都有优点，如果我们帮助其把优点放大，就会大大地激发学生的积极性，即使指出他的不足时，他也会很乐意地接受。肯定学生的成绩，经常提出表扬，使大部分同学都有被表扬的机会，这样可以不断激励学生前进。我在班上实行了这样的奖励方式：学生平时表现符合学校或班级要求的就可以得到一个优币，每周表扬优币积累最多的五位学生，他们可以挑选一样自己喜欢的文具作为奖品。学生每周都会关注自己积累了多少个优币。这种方法激励了学生管理好自己，使得每个学生都有被表扬的机会。

评价要遵循教育规律与学生身心发展规律，通过交流互动，实现学生自评、学生互评、家长参评和教师评价相结合，实现评价主体的多元化，使评价成为教师、学生、家长共同积极参与的交互活动。评价还要以质评为基础，应用可操作的评价方法，不仅考察"认识"或"概念"等认知层面，同时还关注对"表现"等行为层次的考察，例如，行为观察、情景测验等。对于小学生而言，太抽象的评价难以理解，教师应将评价贯穿于日常的教育教学行为中，使评价实施日常化、通俗化，例如，仪容仪表评价、书写习惯评价、预习习惯评价等。每次评价的结果都公布给学生看，这样学生就能了解自己在这些方面表现如何，表现好的就会很自豪，更加努力去做；表现不好的就会自我反思，争取做好。这无疑让学生明确了自己努力的方向。

（二）以自我教育为主，减少批评指责

对于评价结果，不能总是盯着表现不好的学生，更不能总是批评指责，要想方设法去教育他们。其实学生到了中高年级，有一定的自我教育能力，我们只需要提醒他们表现不好的原因，引导他们想办法解决问题。要留有充分的时间给学生进行自我教育。写说明书是个很不错的方法。我们要给予学生多次评价机会，促进他们的转变与发展。

二、邀请进班，多样课程

我们学校每学期还会评选"优秀家长"，我鼓励孩子们说服爸爸妈妈当志愿者，走进课堂给班里的同学们上课。

家长们都来自不同的行业，从事着不同的职业，其中还不乏行业的精英、道德的模范，有着丰富的人生阅历、广泛的兴趣爱好和各自特长。这是每一个孩子身边最宝贵的资源。为了让孩子们近距离地接触生活、亲近生活、感受生活，获得更多的课外知识，拓宽视野，在学习中理解生活的真谛，养成良好的品德，家长可以采用进入课堂授课或带领学生实践等形式，传授知识，增加学生的生活体验。

第一个走进我们404班课堂的是小盈妈妈。因为在银行工作，所以她给孩子们上了《认识钱》这一课。小盈妈妈不但让同学们认识了中国的钱，还向大家介绍了其他国家的钱。看着各种各样的钱，同学们大开眼界，听着小盈妈妈的讲解，大家都不禁发出惊叹。

同学们都非常羡慕小盈有这么能干的妈妈，遇到弄不懂的关于钱的问题都来问小盈。小盈不明白就去问妈妈，再为同学们解答。这无疑是对孩子的一种鼓励。

从事房地产工作的小霖爸爸给同学们上了《认识房子》这一课。小霖爸爸先让同学们欣赏了著名的建筑物，有埃及的金字塔、我国的天安门和故宫、古罗马竞技场、法国的埃菲尔铁塔、美国的白宫、意大利的比萨斜塔等。房子是怎么产生的？南方和北方的建筑有什么不同？一个个有趣的问题通过形象的图片和小霖爸爸的讲解，让同学们找到了想要的答案。房子原来有砖木结构、混合结构、框架结构和钢结构四种。小霖爸爸还教会同学们如何选购好房子：应该考虑空间设计、景观角度、朝向、分区明显、无梁无柱这五个方面。

小娜妈妈给孩子们带来了《处世为人》一课，小妮爸爸教会了孩子们要日行一善。在走进课堂，与孩子做了亲密的接触之后，我们的家长也深有感触。他们有的说："现在孩子的知识面越来越广，我在某一方面也算一个专家吧，面对孩子一个又一个问题，我有时也回答不上！"也有的家长深深体验到了做老师的难处："面对差异迥然、个性千差万别的孩子们，要使每一个孩子的各方面素质得到提升，也真为难！"看到自己的工作得到家长的认可，我们老师不禁感到一丝欣慰。希望有更多的家长能走进我们的课堂，跟孩子们一起学习。优秀的孩子是家长和学校共同培养的。

三、小纸条，大世界

在制度实施的过程中会出现各种问题，有的同学不遵守制度影响大家，有的班干部特别"优惠"自己的好朋友，有的同学受了委屈又不敢讲，等等。如果这些事情都由教师监督和处理，根本忙不过来，也会妨碍学生的自我管理能力培养。但如果事情处理得不够公平，学生就会对班规产生抵触心理，渐渐都不愿意遵守班级制度。如何解决这一问题呢？我们可以在班里设班级信箱，引导和鼓励孩子们写意见书，在班上营造互相监督的氛围。

以前带班，总会有孩子跑到办公室向我"打小报告"。刚开始，我愿意花时间细听孩子的讲述，有时候要弄清楚并处理完一件小事要问好几遍，结果花去半天的时间。有时候太忙，听到孩子打小报告，我就严厉地训斥闹事的孩子几句，结果投诉还是没完没了，问题没有得到根本解决。如果孩子们不及时改正一些不良行为，会干扰到全班同学，班里将会每天上演各种各样的闹剧。很多班主任感觉自己就像消防员，每天要多次灭火。

我们如何帮助学生改正一些坏习惯呢？我从魏书生那里学了"说明书"这一招，想到了"意见书"的办法，结果越用越有效。这一方法分三步：首先给学生树立"班级事，就是自己的事"的意识，一个人违反纪律了，就会影响大家，也影响班级荣誉；然后，教育学生要关心同学，发现身边的同学违反纪律了，要及时提醒他，如果他不听就要警告他；最后，可以通过写意见书向班干部或者老师投诉他。这样，学生之间就形成了互相监督的氛围。

（一）管住"熊孩子"

刚接手403班的时候，很多同学都向我投诉，班里的小艾很喜欢偷东西；小轩经常拿同学的东西藏起来，搞得大家都不开心；小铭同学爱打人，动不动就一拳或一脚；小桐总爱说脏话……一个班有两三个"熊孩子"是正常的，这个班却有这么多，令我很惊讶。看见原班主任，她总向我诉说过去的日子有多苦，"按下葫芦浮起瓢"，每天都被这群"熊孩子"搞得喘不过气来。

为了详细了解情况，我让被欺负的同学把被欺负的过程写下来，并起名为"意见书"，意思是通过书面语言来解决问题，正所谓"君子动口不动手"，只要有理有据，不怕"雨"后不放晴。开始，孩子们不习惯写，都往办公室跑，一下课，我办公的地方就像菜市场一样热闹。后来，我奖励写"意见书"的孩子，每写一封投诉信可以得到两个优币，孩子们都乐意写了。

"意见书"有效地镇住了"熊孩子"，让他们的不良行为暴露无遗。在同学的指责、老师的教育、家长的严惩下，这些"熊孩子"慢慢地不敢我行我素了，受到了有效管理。

（二）解救"乖孩子"

什么孩子最容易被欺负？没错，"乖孩子"。"乖孩子"心地善良，总是想，多一事不如少一事。还有的乖孩子比较胆小，被人欺负了不敢说。

班里有个叫小斐的孩子，父母离异，他和姐姐跟着妈妈生活，家里不宽裕。班里的小曦最喜欢欺负小斐，随便拿他的东西不还，还打他。开始我不知道，直到我读了小斐好朋友小彬的一封"意见书"才了解情况。"意见书"是这么写的：

意见书

罗老师，我跟小曦打架是不对，但原因是他欺负小斐，我要投诉他。他经常拿小斐的笔，用了不还他。我多次警告他，可是他不听。今天，他又故意拿小斐的本子捉弄他,我火了,就帮小斐抢回本子。他不给,我就用抢回的本子拍了他一下,他打了我一拳。我忍他很久了,今天控制不住情绪打了他。

原告:小彬　　　　被告:小曦

证明人:小欣、小昆、小忠、小燊　　日期:5月12日

全班同学听了小彬的这封意见书,都愤愤不平地看着小曦。小曦开始还想抵赖,但班里曾被他欺负的同学都纷纷站起来投诉他;没被他欺负的也纷纷说出自己平时看见的小曦的种种不良行为。面对同学们的指责,小曦只好写道歉信给小斐,保证以后不再欺负他。

久而久之,班里调皮捣蛋的孩子少了,被欺负的同学也不再担惊受怕,受了委屈的孩子有"意见书"这一招自救。慢慢地,孩子们明事理了,懂人情了,学会了如何化解彼此之间的矛盾,也学会了如何与人为善,管理好自己的人际关系。

(三)解放班主任

每个星期一,宣传员读"意见书",就相当于"排毒"。孩子们将各种情绪写出来后,由老师在班会课上公开合理地处理,奖罚分明,整个班级就达到了一种平衡。后来,很少有孩子跑办公室找我,这无疑大大解放了我这位班主任,让我有更多的时间做其他的事情。

"熊孩子"一般不太会与人相处,他们有委屈写"意见书"也找不到证明人,很是苦恼。如何帮助他们找到归属感和价值感呢?这时就需要班主任教会"熊孩子"学习自我管理之道。比如,在遇到问题时,不要害怕胆怯,要勇于面对,思考处理问题的方法,以及今后该如何做才能避免类似的问题出现,等等。

小静同学在写给我的心里话中这么写道:"我对罗老师的管理方法很赞同,大家通过写'意见书'的方法解决了许多问题。"小董同学这样写道:"罗老师,我特别喜欢你对我们的管理方法,你来了以后,我们班的各个方面都变好了。"

"意见书"的作用确实大,用好它还需要一些技巧。我常跟孩子们说:"罗老师批评你,永远都是对事不对人,只要改正错误就好。"不能让被投诉的

孩子总是受打击，要慢慢引导他改正坏习惯。魏书生老师说过："用孩子心灵深处的能源，去照亮孩子的精神世界，显然是最节省能源的方法。"唐僧的徒弟原来都是"熊孩子"，只要想办法调动他们的正能量，即使带班的路上有"九九八十一难"也不怕了。

第四章

班级"慧"活动：让个性充分张扬

第一节 班级活动——焕发班级生命力的源泉

生命在于运动，班级生命活力的最好体现就是开展丰富多彩的班级活动。因为活动是实现教育目标的最好方法，生动有趣的活动，能让班级形成强大的凝聚力。实践证明，让学生亲身参与活动要比重复说教更有效果。所以，班主任要善于组织学生开展有效的班级活动，让学生彼此更加熟悉，更加热爱这个班集体。

一、班级"慧"活动的内涵

班级活动一般是指在班主任的指导下，有目的、有计划地为实现教育目标而举行的各种教育教学活动。开展班级活动有利于塑造学生良好的品德。设计与组织好班级活动，并以此来发展学生的核心素养，是班主任的一项基础性工作，也能反映班主任的工作能力。这种班级活动的设计与开展，凝聚着班主任的教育智慧，我们暂且称之为班级"慧"活动。成功的班级"慧"活动能增长学生见识，锻炼能力，加深师生间的理解和信任，助推良好班风的形成，同时也为学生的成长提供广阔的天地。

"慧"活动，可以这样理解："慧"是智慧，是气度；"活"应该是充满生命力，鲜活的；"动"是一种动态生成的，在活动中有体验，能够内化为自我的行为准则，形成一定的道德素养。在班级管理中，给学生提供一个主动发展的空间，离不开有组织、有计划、有目标的活动。

说到开展班级活动，有些班主任认为很难，要考虑的环节太多。其实，一支蜡烛可以照亮一个房间，一次拔河比赛就可以让班级凝聚力更强，一次才艺展示也可以激活一个胆小自卑的孩子。班级"慧"活动应该是开放而富有生命力的，是丰富而多彩的。开展班级活动，我们可以从以下几方面入手。

（一）根据学生的身心特点组织活动

组织活动，一定要符合学生的身心特点，特别要淡化教育的痕迹，凸显活动的趣味性；同时还要关注学生的心理需求，注重学生活动中的情感体验。如：低年级的学生求知欲强，喜欢表现，可以开展有关培养好习惯和团队凝聚力的活动；交流节奏可以慢一点，晓之以理，动之以情。高年级的学生自我意识强，我们要尊重、接纳暂时落后的有个性的学生，培养他们的自信心，善于表扬与激励，多组织一些班级体验活动。

（二）结合班级日常事务进行活动

心理学家告诉我们：学生学习的动力机制来源于内外两个因素。外在因素表现为家庭、学校、社会等对学生的要求和引导，内在因素表现在学生自我发展的兴趣、动机和需求，学生的学习表现是主动的。因此我们在组织活动时要结合班级学生的现状和内在需求以及兴趣点，如：学生成长的困惑；可能学生在成长的某个阶段出现的、依靠自己不能有效解决的问题；也可以是满足学生好奇心的问题。

（三）坚持让学生亲历活动过程

亲历活动过程是学生获取直接生活经验，获得真切体验的必由之路，而且能使学生认识自我、认识生活，逐渐形成正确的价值观和鉴别是非的能力。学生只有在参与活动中有了真实的体验，通过师生对话，生生交流，才能学会换位思考，才能自我成长。

当然，我们在组织班级活动时，一定要注意活动的宗旨是人人参与，尽量不开展个别学生的表演性活动，最好能够有利于展示每个学生的个性；同时还要关注活动的整体性和教育性，以长远的目光来考虑和安排，着眼点是学生的终身发展。我们应多组织一些系列性活动，尽量避免活动的随意性和盲目性。

二、提升班级"慧"活动的教育价值

"慧"活动的最终目的就是让学生主动参与策划、实施、反思的过程，实现学会自我教育和自我发展。成功的班级活动能在学生的成长阶段为其留下深刻而美好的印象，在关键时期还能成为学生学习生涯中重要的转折点。活动在学生成长中起着重要的独特作用，形成积极影响，启发着我们进一步去思考如何提升班级活动的教育价值。

（一）满足学生成长需要

开展班级活动时，选择活动主题和内容最直接的途径就是通过观察学生，分析他们的行为特征，结合最近一段时间的学习生活等方面反映出来的共性问题，来发现值得探讨的问题或者一些隐蔽性问题。有段时间，我发现有学生会在小卖部买一些可有可无的小饰品。一开始我没当回事，后来发现买东西的孩子越来越多。对此，我组织学生去公园开展了一次"红领巾义卖"活动。学生通过这样的体验，体会到了父母赚钱的不容易。从那以后，乱花钱的现象明显地减少了。如今很多学生人际交往或学科学习也出现了不同程度的问题。我就针对上述问题，确定主题，开展班级活动，既满足了学生的成长需要，又能启发学生进行自我反思。

（二）提升学生活动水平

组织活动时，班主任要有意识地培养学生策划活动的能力。活动设计可以征求学生的意见，也可以在活动开展之前，在班级里开展《我的活动我做主》的活动方案征文。要敢于放手让学生寻找活动素材，指导学生设计活动方案，与学生一起探讨开展活动的前因后果，耐心听取学生的心声，尽可能多给学生创造锻炼的机会。在组织活动时，师生首先协商确定好活动项目，对于活动的组织、管理、后期的反馈等，可以以竞争投标的形式承包给个人和各个小组，由他们设计比较详细的活动流程和完成活动目标的计划，交给班主任审核。做好这些前期工作以后，才正式组织实施活动。为了鼓励人人参与，我们需要明确同一个人或者同一个小组不能连续参与多个活动。这样的活动方式，既尊重了学生的自主选择，又使学生的特长和优势得到充分发挥，还能有效提升学生的活动水平和活动效率。

其实，让学生参与构思方案来呈现活动流程时，就已经打开了交流空间。提炼教育活动资源，对学生而言，也是一种自我成长，能够充分调动学生的主动性和创造性，使活动任务明确化、精细化。以"红领巾义卖"活动为例。在活动中，有几个同学没卖出一件商品，带去的零钱已经花完。有些学生就思考为什么会存在这样的问题、如何解决这个问题。经过一番交流大家发现，这几个同学并不是真心想出售那些物品，故意把价格定很高。学生经过这样一个思考过程，主动解决了低层次的问题，逐步呈现出来的就是较高水平的需要。因此，活动对培养学生的想象力和责任感大有好处。

（三）总结活动的成长体验

实践证明，学生在活动中能够逐渐学会自我管理和自我发展。提升班级"慧"活动的教育价值，就是关注活动的后续阶段，对活动过程及效果进行多元化评价，以及对学生活动过程中的成长体验进行总结。活动中的一句话，可能会让某个学生的心灵产生震撼；活动中的一次表演，可能会让某个学生重新认识自己；活动后某个学生的建议和评价，可能点醒组织者和参与者想再次体验的想法。

三、创新班级"慧"活动的有效策略

活动是班级生命力的源泉，最能体现班级学生的团队精神和创新能力。而班级"慧"活动就是要让学生充满期待，走进学生的内心，给他们以希望；能够激发学生积极参与的热情，给他们以力量。如何让"慧"活动新颖又与众不同呢？班主任可以采取以下策略。

（一）顺应学生活动的意愿

学生来自不同的家庭，有着不同的生活环境，他们的兴趣、经验和成长方式各不相同，因此，在互动中会产生很多想法。在这种情况下，班主任要顺应学生的活动意愿，为他们提供有关活动的任务和场地等，便于学生顺利实施活动。例如，儿童节到了，学生提议召开一次庆"六一"文艺表演活动。我觉得建议不错，可以开展，只是班级活动空间比较小啊！于是我抛出一些问题：场地选择哪里？有多少学生想上台表演？时间安排在哪一天不会影响别人？……没等我说完，班干部代表就率先解答了这三个简单的问题。他们纷纷表示，表演的内容不用我操心，他们自己可以解决，保证那天的节目是丰富多彩的。在讨论中，学生表现出极大的积极性和自主性，互动的思维碰撞出火花，思考问题的潜能得到了有效开发。我想，这样的活动就是学生自己的活动，所架构的文艺展示任务也是他们真正想要的东西。

(二)引入师生共同的话题

学生常常会受到生活经验、眼界和形象思维的影响，对开展活动的意义缺乏深度思考。有的学生在参与活动中，不能全情投入；有的学生胆怯，不敢大胆表达自己的想法，主动放弃参与班级活动，从而错失一次次展示成长的机会。所以，在"慧"活动中，班主任要通过观察分析，找到恰当的机会，参与学生的活动，用巧妙的方法引导学生进行深度思考，挖掘出师生共同感兴趣的话题，在活动中历练、成长。

在庆"六一"文艺表演活动中，我发现大部分学生对才艺表演比较感兴趣，但是有一小部分学生没有特长。这引发了我的思考：如何引导这些学生能上舞台露一手？我要深入地探究一下他们感兴趣的东西。我私下找到这几个学生，和他们交流庆"六一"活动的看法，询问他们的意见，顺便问了一下他们的兴趣爱好和想法。没想到这几个学生异口同声地说："我们不上台，做观众为他们鼓掌。"对于这样的回答，我首先肯定了这几个学生的善良之举。但是这次的班级活动是庆祝儿童节，怎能落下他们几个，伤害他们的自尊心呢？于是我想到让他们几个上台来一个"古诗词串烧活动"或者来一个小品，他们高兴地答应了下来。课间，我看到了他们聚在一起排练的情景。

这样的场景便是在我们共同的交谈中产生的。我主要运用的是观察联想和设置开放性问题的策略。观察联想是保证生成性活动的首要方法，有助于更好地了解学生，理解学生的活动方式。在生成性活动中，我感到最困难的是难以真正了解学生的思维方式和行为方式。只有在仔细观察、认真分析其行为背后的原因后，以玩伴的身份来互动，才能更好地了解学生，借活动之力促进学生的发展。

(三)推动学生融入活动

在活动中，学生由于认知水平和能力有限，因而活动任务可能是单一的，不能持续发展的，常常无法对活动进行深入思考。这就需要班主任推动一把，即在适当的时机对学生进行点拨，借助当时的情景内容，直接提出自己的想法，把学生的兴趣点推向较高层次。

我还是以庆"六一"文艺表演活动方案为例。在开展活动前，我还发现学生只注意到自己的才艺表演，没有想到与儿童节相关的知识，比如儿童节的历史起源、其他国家庆祝儿童节的方式和习俗。有位学生说儿童节既是她生日，也是所有小朋友的节日，这天她爸爸要跟她一起上台表演节目。我就抓住了这个机会，表演结束后增加感恩父母的活动。在我的提议下，学生开始思考以怎样的方式来表达对父母的爱。

组织活动时，班主任要准确捕捉随时教育的契机，引起学生的兴趣，才能有效地促进班级活动向深层次发展。在"慧"活动中，班主任面对动态性、灵活性和开放性的活动过程，不仅要有充足的知识准备，还需要在互动时采取灵活多样的方法和策略。比如，班级一次拔河比赛结束，有的学生欢呼呐喊，有的学生唉声叹气。如何淡化输赢之后的情绪影响，关注学生微妙的反应呢？如何让双方心理平衡，又能达到活动的教育意义呢？智慧的班主任可能会这样引导："比赛第一，友谊也第一。咱班的拔河比赛，虽说是两个队，但都是一个班的。所以，无论输赢，都不重要。说是比赛，其实是想看看咱班的团结精神。"简单的几句话，就可以让学生把输赢抛诸脑后。接着启发学生自己总结发现，赢的那一队秘诀在于人员的调配、站位得当。这时班主任再延伸一下，强调这就是我们学习上需要的精神。人生当中处处是战场，这次的赢，有策略、有准备、有团结、有坚持，那人生当中所有的比赛，你都能赢吗？要我说输的机会比较多。最后，借此活动让学生学习越挫越勇的精神、持之以恒的精神，这些都会不断激励一个人的成长。当然在作息制度安排上也要有弹性，能根据学生的需要灵活地调整，在活动中要学会等待、学会倾听、学会用适当的方式进行回应。成功的班级活动是学生成长的载体，也是他们今后最温馨、最美好的回忆。

第二节 主题班会的设计与实施

主题班队"慧"活动是整合了班会和队会的特点，指的是在班主任或中队辅导员的指导下，以班级活动为主要形式，以体验教育为基本途径，发挥少先队员主体性的一次独特的主题活动。开展好班队活动，首先要把握住班队活动的主题，这是活动的"灵魂"，也直接关系着班队会开展的成功与否。国家对少先队员的要求是从小就要立志向、有梦想、爱学习、爱劳动、爱祖国。而班队会的"魂"就是关于少先队教育的思想:"坚持开展组织教育、自主教育、实践活动,更好地为少年儿童培育和践行社会主义核心价值观服务,把广大少年儿童团结好、教育好、带领好。"这个主题就是灵魂,是统帅。所以班队会活动要凸显这个大主题,紧扣不同年龄学生的成长需求。对于小学生来说,可以把社会主义核心价值观中涉及个人层面的"爱国、敬业、诚信、友善"等作为班队会活动主题,让队员们在学习和生活中践行社会主义核心价值观,内化于心,外化于行。

一、文明守纪之星——享受成长的自由

小学低年级是习惯养成的关键期,此时需加强学生的行为规范教育,培养其文明守纪的好习惯。组织学生开展"文明守纪享自由"的班队会活动,可以让学生了解文明礼仪的知识,了解文明礼仪包括语言文明、行为规范、礼貌谦让、遵守法纪。与人交往时会使用文明用语,常把"您好""谢谢""对不起"放在嘴边。从自我做起,从一点一滴做起,努力提高自己的文明修养,做一个新时代讲文明的好学生。

接下来,以"文明守纪享自由"为例,看看我是如何设计与实施这样的主题班队活动的。

"文明守纪享自由"主题队会活动

【适用年级】

小学1—2年级。

【活动设计背景】

中国自古就是一个讲究礼仪的国度。礼仪就是律己、敬人的一种行为规范,是对他人的尊重和理解的过程。班级有小部分学生衣着不够整洁、见到老师不打招呼、对待同学的帮助视为理所当然,上课讲话、违反课堂纪律,也听不进老师的劝告。因此,针对班级的这些问题开展"文明守纪享自由"主题活动,希望可以帮助学生做到衣冠端正、举止文明;同时也让学生对中国古代传统美育有所认识,并能够发扬优良传统,在具体行动中做到讲文明、懂礼貌、遵守纪律。

【活动目的】

通过活动，让学生知道哪些是不文明的行为，在什么情况下运用什么样的礼貌用语。在今后的学习和生活中，自觉使用礼貌用语，做个讲文明、懂礼貌的小学生。

【活动时间】

2017年10月13日下午3：00-4：30。

【活动准备】

（一）培训好小主持人，场地布置

（二）排练表演的节目

【活动过程】

（一）队活动仪式

1. 中队长整队，各小队报告人数。

2. 中队长整队后向中队辅导员报告。

3. 出旗、敬礼（鼓号齐奏，全体队员敬礼），礼毕。

4. 唱队歌。

5. 中队长宣布"文明守纪享自由"主题队会现在开始。

（二）活动开始

（三）歌曲《四季童趣》（表演者：智盈、靓靓等）

（四）同学们列举自己知道的文明礼貌用语

（五）《文明守纪歌》（表演者：梦想队5个队员）

（六）小品《聪聪的一天》（扮演者：奋斗组4个队员）

（七）学生回答小品中聪聪的哪些行为是不文明的

（八）王成熠同学讲故事《程门立雪》

（九）问题抢答

（十）大合唱《少年先锋队歌》

（十一）辅导员总结

队员们，这次队会活动非常精彩，老师为你们点赞。文明守纪是一个人的行为准则，也是我们班级精神风貌的体现，讲文明、懂礼貌、守纪律是每个学生应该具备的美德。希望你们从今天开始，做一个文明守纪的学生，见到师长问好，平时多使用礼貌用语。

（十二）呼号，退旗

低年级学生的习惯养成教育很重要，需要想尽办法用学生喜欢的方式教育学生养成好习惯。平时可以多开展这样有趣的队会活动，让队员们通过亲身参与，学会使用文明用语，做一个讲文明、懂礼貌、遵守纪律的好队员。

二、告别手机游戏——身心健康乐呵呵

2018年4月，教育部又下发了《关于做好预防中小学生沉迷网络教育引导工作的紧急通知》，要求各地教育行政部门要组织中小学校迅速展开全面排查，掌握并了解中小学生使用网络的基本情况，重点排查学生沉迷游戏、规范学生使用手机等问题。教育部的这一紧急通知非常及时和必要，伴随着网络的普及，学生使用手机的现象越来越普遍，随之而来的眼睛近视等问题也越来越严重。2018年8月，教育部会同国家卫生健康委等8部门印发了《综合防控儿童青少年近视实施方案》，明确提出："严禁学生将个人手机、平板电脑等电子产品带入课堂，带入学校的要进行统一保管。"这一举措就是在控制学生长时间使用电子产品，科学规范指导学生使用信息技术产品，引导学生养成良好的学习习惯和用眼卫生习惯。

三、品味经典诗词——传承华夏文明

作为新时代的班主任，我们应该牢记教书育人的使命，围绕传承中华传统美德和民族精神这个主题，发掘班队活动主题，激发学生对传统文化的热爱。通过搭建诵读、展示、传播传统文化的平台，来提升学生的人文素养。比如开展"传统节日"活动，春节时，让学生通过查找资料了解"年"的来由及各地过年的不同风俗习惯，记录家家户户门口贴的春联等；清明时，组织学生到烈士陵园扫墓；端午时，组织学生包粽子；中秋节时，举办诗歌朗诵会，诵明月之诗、歌窈窕之章；重阳节时，组织学生登高秋游。学生在活动中，能切身感受悠久灿烂的传统文化。

为了践行社会主义核心价值观，传承经典古诗文的精髓，进一步推动班风学风的建设，我组织队员们开展了一次"品味经典，传承文明"的队会活动，

让队员通过自己的演绎来展现文化魅力，在品读中逐步健全人格，提升了队员们的文化品位、审美情趣与文化底蕴。中华民族有着悠久的历史、灿烂的文化；中华经典诗文又是古代圣贤思想、智慧的结晶，是我们民族文化的瑰宝。品读它，可以修养身心，增加智慧，开启成功之门。我们班主任应该多组织类似的活动，让学生在今后的学习生活中，多读经典，常怀一颗感恩之心，孝顺父母，友善待人，诚实守信，努力学习，为实现中华民族伟大复兴的梦想贡献力量。

第三节　校外活动，遵循个性特点

2017年教育部印发的《中小学综合实践活动课程指导纲要》（以下简称《纲要》）提出，综合实践活动应该从学生的生活经验和发展需要出发，在生活体验中发现问题，转化为活动主题，通过探究、服务、制作、体验等方式，培养学生的观察能力、想象能力、创造能力和动手能力等综合素质。各学校相关部门要贯彻落实《纲要》精神，结合学生实际情况，组织开展校外实践活动。作为班主任，我筛选了我班级组织过的外出活动。

一、与大自然亲密接触——体验野炊农耕生活

著名教育家陈鹤琴先生说："大自然、大社会是知识的主要来源。"大自然以天然有趣且丰富的变化，引导人们去探索其中的奥秘。而孩子天生就对外界事物好奇，让孩子亲近自然，感受大自然，不仅可以释放孩子的天性，还能从中获得孩子成长所需要的知识，对孩子的情感发育、智力培养、身体健康都有好处。

对于一个班级而言，外出活动能否正常开展，很大程度上还是取决于班主任的引导和家长的支持。那如何顺利而安全地组织开展校外活动呢？我们可以这样来做。

（一）一次"口语交际"给我的触动

部编版三年级下册语文有一节课是《口语交际：春游去哪儿玩》，讲课时，我对学生说："春天很美，组织开展春游活动，能让我们在亲密接触大自然的同时，欣赏春天的美景，还能拓展我们的视野，丰富我们的想象力，锻炼我们的自理能力和团结协作意识。"没想到学生会说："我们都知道啊，但是好久都没春游了。"想想确实如此。当前，出于安全考虑，学校不太支持组织学生外出游学活动，所以班主任带学生进行校外实践活动有点困难。于是我决定让班级家长委员会会长发起组织活动的邀请函，家委会成员参与并制定活动方案，精心安排活动的具体事务，严格落实责任分工。这样，以家庭亲子外出实践活动为缘起，孩子的监护人全权负责孩子在整个活动过程的安全，活动开展起来就顺利很多。

学校统一组织的外出实践活动或者有些家长带孩子外出，多是按照旅游公司制定具体的活动路线和活动项目，学生多是被动接受。旅途中吃喝玩乐，一会儿换个地方拍个美照，空闲时聊聊天成了旅游放松的目的，失去了亲近大自然的意义。所以旅行回来，孩子最大的感受就是在旅游巴士上的说笑和美食分享，孩子的作文中最多的词语就是"那里的景色太美了"。如果让孩子具体说一说大自然有哪些神奇的地方，孩子就无话可说。其实，这种"走马观花"式的没有决定权的旅游并没有让孩子融入自然、感受大自然的神奇。

为了避免上述情况，我们的外出实践活动经过充分的准备，融合了班级课程的需要和孩子们的身心特点，由班级家委会牵头，全班学生及家长投票表决，家长签订安全责任书后，再由家长委员会会长向学校提交书面申请，并把详细的活动方案和安全防护措施等呈上，得到学校领导和班主任的同意后，就可以组织活动了。

（二）活动的设计与实施

2018年11月18日，在家长委员会的策划下，我们组织了一次东莞市麻涌开心农场采摘野炊活动。那里配套设施完善，有绿道、驿站、观景台、亲水平台、蔬菜基地等设施，把农业、旅游、科普、野炊体验相结合，把课堂搬到户外，通过实地体验学习知识。

为了保证活动顺利开展，会长还做了两个活动方案来应对活动时的天气变化。活动是由班级家委会全权负责，经过半个多月的构思，从活动主题的选定、地点的踩点，到活动的行程安排等，都是家委会会长协同大多数家长一起定下的。这凝聚了班级家委会所有成员的心血和汗水。

活动首先安排了孩子们体验农耕生活，认识各种农作物和蔬菜瓜果；之后是捕鱼活动；还安排了喂食小动物、丛林寻宝等亲子项目；还有团体活动，如：拔河和植物标本巧制图等。孩子们玩得不亦乐乎，家长们拍手称赞。通过这次活动，家长和孩子们收获都很大。

1. 旅途中，才艺展才华

从学校出发到开心农场，大概需要 2 个小时，孩子们在车上激动万分，高兴得手舞足蹈，或许是太久没外出活动了，或许是孩子们的天性毕露。家委会的家长也没有按照原计划进行，而是任由孩子们在车上自娱自乐。只见孩子们自发推荐了两个班长做主持人，带领他们背诵古诗词、唱儿歌，组织脑筋急转弯、成语接龙……车里欢声笑语，家长们轻声夸赞着，鼓励着。

2. 采摘园，增知长见识

农场的负责人以"村长"自称，他风趣幽默，深受孩子们的欢迎。孩子们在他的带领下很快就化身小农民，体验躬耕，结合百科全书，通过看、闻、猜、学等方式认识了各种各样的蔬菜和瓜果以及一些农作物的种植知识，丰富了孩子对蔬菜种植的直观认识。细心的孩子还发现每种蔬菜前都插有写着学名和介绍的告示牌，有些孩子还亲手采摘了一些新鲜的蔬菜留做午饭。

3. 野炊场，当家有担当

来到野炊的地方，只见土灶台连着烟囱，锅底下堆放着一些木柴，引起了孩子们的好奇，也勾起了家长们童年的回忆。孩子们听完村长的介绍后，依然围着父母，叽叽喳喳地问个不停。准备做饭了，大家分工合作，洗菜、杀鱼、生火、做饭，上演了一场别开生面的户外野炊。大人们有序地忙碌着，孩子们在一旁帮忙。生火做饭并不是一件容易的事，技巧不对，分分钟都会变成"灰太狼"；中途还需要注意火候，进行添减干柴，一不留神，肉还没熟，火已灭掉。班里有一位爸爸，他做出来的红烧肉色香俱全，馋得孩子们口水直流。一会儿工夫，饭菜做好了，大家其乐融融，相互邀请品尝自己烹饪的饭菜。野炊环节锻炼了孩子们的动手能力，加强父母与孩子之间的相互沟通，让孩子们品尝自己劳动成果的同时，也深刻体会到一蔬一饭来之不易，从而更加珍惜现在的生活。

4. 队活动，秀你我风采

印象最深的是小组进行"植物标本巧制图"的比赛。孩子们听完活动要求后，就开始分头采集植物做标本，有人负责设计版面，有人负责想主题，有人负责讲解，忙得不亦乐乎。闲在一旁的家长，有的在旁边低声交谈着，有的在一旁启发孩子去思考。大概15分钟后，每个小组都完成了自己的作品。到了上台展示分享的环节，一幅幅由种子和树叶拼贴而成的作品创意十足，惊艳亮相。再配上孩子们稚嫩的解说词，再次逗乐了围观的人，掌声经久不息。本次植物标本巧制图不仅锻炼孩子们的动手动脑能力，还培养了孩子们对自然的认知和对美的感知。

有活力的班级，应该在每次活动后加速学生的成长，看到学生创造的一个又一个的惊喜——可能是一句鼓励肯定的语言、一段被当堂朗读的习作、一次活动中的表演。而活动的成效可能体现在活动结束前的交流分享中，我们可以先让学生自由总结活动感受，体验参与活动带来的成功和快乐。比如同学们对这次活动有什么建议吗？或者谁来说一说自己在活动中有哪些收获等等。成功的外出实践活动不仅可以培养孩子热爱自然、珍爱生命、享受生活的情感，还能锻炼孩子的综合能力和团结合作的交往能力。

（三）体验活动的延伸和思考

这次班级活动与以往同类活动相比，有五个方面的特色：①尊重和重视家长的意见。生活中，任何人都希望得到别人的尊重，家长也一样。我们的活动，是班主任指导，班级家长委员会会长牵头，全体家长参与讨论。班主任和家长保持密切联系，及时沟通班级活动的设想和规划，倾听家长的真实想法，有问题及时调整。这样既可以促进活动的正常开展，又可以激发家长关心班级活动的热情。②指导家委会会长制定详尽的活动方案。以前，我会简单地把活动的构思说给家委会会长听，然后直接让他制定方案给我，后面再慢慢修改。会长最后拿到手里的方案几乎都是我设计的。虽然会长不会说什么，但是我的做法压制了他策划活动的积极性。这次我在会长拟定方案前就把自己的想法和建议表达详尽，有时间的话还会和他一起研究活动的项目、形式等细节内容。通过沟通，会长感受到了尊重和信任，写方案更用心了。③注重活动的内容和形式，有助于激发家长参与热情。精心设计活动游戏，安排好活动行程，让家长和孩子全情参与，可以极大地调动家长的积极性。建议活动的主题内容最好能满足大多数家长的需求，各种亲子互动游戏能让人在大自然的怀抱里放松身心，感受自然风光带来的美好与愉悦。时隔多年后，捧起这些活动的照片，看着孩子们玩得那么开心，家长们相处那么和谐，也让我们的生活充满了诗意和激情，那是陪伴孩子参与活动带来的幸福啊！④强调责任担当与合作，人人都是安全负责人。外出实践活动本身存在的安全隐患就很大，即使考虑得很周全，也难免会出现一些无法预料的小插曲。如果没有家长的积极配合，班主任推动班级活动正常开展的难度是非常大的。所以，组织外出实践活动，必须发动和团结家长的力量，除了强调安全注意事项外，还要把责任和管理分派到每一位家长身上。同时告诉家长遇事多沟通，要敢于主动承担一些责任，给孩子树立好榜样。在集体生活中，只有多一些理解和包容，才能多一份快乐和收获。⑤重视外出活动的成效，为学生成长创造条件。学生的综合能力的培养和自我意识的觉醒以及自我发展的追求，与他参与实践活动后的反思和他人评价密切相关。实践证明，学生就是在一次次的活动体验中成长起来的。因此，班主任要重视外出活动的正向引导和评价，实行"多元评价"，激励学生多看到别人的优点。

组织孩子进行实践活动，就是把课堂搬到户外，让孩子亲近自然，孩子的天性得到了很好的释放，在共同嬉戏、玩耍中增进亲子感情，开阔眼界，增长知识，激发他们求知的欲望。如一年有四季，每个季节都有不同的花，春有桃花，秋有桂花，夏有荷花，冬有梅花，让孩子去观察每种花的颜色和开放时间。又如春暖花开的时节，带着孩子去户外观察桃花与樱花的区别，孩子在分辨花的形状、颜色的过程中，还会留意到潺潺的流水和婉转的鸟鸣。这些都将给孩子带来美的乐趣和遐想，让孩子的观察力和想象力在不知不觉中提高了。

二、让安全教育动起来——红十字生命体验馆

为贯彻落实教育部制定的《中小学公共安全教育指导纲要》文件精神，我们应坚持以人为本，把公共安全教育贯穿于校园教育教学的各个环节，使学生牢固树立"珍爱生命，安全第一"的意识，提高学生面临突发安全事件自救自护的应变能力。

生命教育是帮助学生认识生命、珍惜生命、敬畏生命，提高生存技能和

生命质量的一种教育活动。生命教育应该着眼于全体学生的身心和谐发展，为学生的终身幸福奠定基础；着眼于学生个性的健康发展，为提升学生的生存能力和生命质量奠定基础；着眼于增强学生在自然和社会中的实践体验，为营造健康和谐的生命环境提供养分。我们应引导学生热爱生命，建立生命与自我、生命与自然、生命与社会的和谐关系，学会关心自我、关心他人、关心自然、关心社会，提高生命质量，理解生命的意义和价值。我校通过多种教育形式，对学生进行生命与健康、生命与安全、生命与成长和生命与价值的教育，使学生学习并掌握了必要的生存技能，认识生命、感悟生命的意义和价值，培养学生尊重生命、爱惜生命的态度，学会欣赏和热爱自己的生命，进而学会对他人生命的尊重、关怀和欣赏，树立积极的人生观，培养阳光乐观的心态。

意大利教育家蒙台梭利曾指出："教育的目的在于帮助生命力的正常发展，教育就是助长生命力发展的一切行为。"教育是关爱生命的教育，是关爱人成长和创造价值的教育。小学是生命教育的起点，做好小学生的生命教育，对学生和社会都具有积极的意义。

（一）一桩桩儿童溺水新闻引发的思考

相关调查数据显示，我国每年约有 1.6 万名小学生非正常死亡。之所以安全事故频发，主要是对学生安全教育的力度不够、学生安全意识淡薄，以及缺乏应对突发事件的能力。小学生的思想不够成熟，对生命的认识比较肤浅，甚至有些小学生还意识不到生命的宝贵。因此，加强对小学生的安全教育，才能有效地提高他们对生命的认识，使他们更懂得珍爱生命，尊重他人。

每逢夏季，最令人痛心的新闻就是溺水事件。虽然学校经常对学生进行"防溺水安全教育"，但总有贪玩的孩子因为玩水付出了生命的代价。暑假期间，国务院教育督导委员会办公室总会发布预警通知，要求各地中小学加强对学生的假期安全教育，防止溺水事件发生。家长作为监护人，在日常生活中也会对孩子进行安全教育。我们学校除了做好常规的安全教育外，还增加了面向全体师生的空中广播，每天在学生上学、放学的两个时间段播出"防溺水七不准"，教育学生要珍爱生命，远离水塘等存在安全隐患的地方。

世间最宝贵的是生命，作为一线班主任，我们有责任把"生命教育"的紧迫性放在首位，通过一次次生命教育活动，提高学生对生命更深层次的理解，呵护每一位学生平安健康成长。

（二）活动的设计与实施

2016年10月，东莞市红十字会官方网站发出一份通知：其生命安全体验馆对外开放，欢迎社会各界人士报名参加"生命体验馆"的亲子参观活动。东莞市红十字会生命安全体验馆占地面积约600平方米，可容纳50人同时参观体验。馆内配有模拟人、绷带、结绳等各种救护培训器材，并设置了地震、火灾逃生、结绳高楼逃生、拨打紧急电话、紧急呼救等多种突发事件体验区，还涉及家庭安全、游泳安全、交通安全等认知区。市民可以亲身体验各种突发事件发生时的情景，寻求逃生避险的办法。随着教育技术的不断发展与完善，很多小学早已开始实施生命安全教育，通过政府的相关文件规定，每周至少要开展一次安全教育。几乎所有小学都有生命教育的相关课程，并把生命教育纳入学校的常规工作，定期对学生开展生命教育。每个班级根据班级学生特点自行组织活动，有的班级借助媒体资讯引导学生进行安全主题的辩论；有的班级组织"护蛋行动"，让学生在活动中体验生命的可贵。而我们班是通过"红十字会生命体验馆参观体验"活动来丰富生命教育的内容，提高了学生应急避险和自救自护的能力，体会到了生命的可贵和美好。

为了帮助学生掌握更多的安全知识，使其拥有自救自护的能力，我所带的英才班利用周末时间，采取自愿报名的形式组织41名学生参与"生命体验馆"活动。本次活动流程主要有志愿者讲解与学生体验两部分。活动中，志愿者先把学生带领到课室进行参观活动的内容讲解，包括场地的注意事项、活动流程以及红十字会的历史。走出课室后，讲解员首先向在场的青少年们讲解了发生地震时应如何逃生，如果被困在地震区域应采用什么方式能更好地保护自己；紧接着介绍如何寻找安全通道并逃生；以及防毒面具和灭火器的使用方法。有3个学生积极参与了现场模拟使用灭火器活动。通过观看视频和图片，学生知道了发生火灾时在安全通道顺利逃生和电梯里的自救方式，以及高楼的逃生、公交车失控的逃生技巧等。英才班的学生听得很认真。具体活动方案如下。

"生命体验馆"参观活动方案

【活动目标】

（一）通过参观学习，了解生命胚胎的孕育过程，体会母亲十月怀胎的不易，萌发珍爱生命的情感，感受生命的独特性。

（二）树立"安全高于一切"的意识，帮助学生掌握必要的安全知识和应急方法，学会一些常见疾病护理和自然灾害等场景的紧急避险、自护自救，目的是学生平安健康的成长。

【时间地点】

2019年7月21日（星期日）上午8：30—11：30。

【参加人员】

班级全体师生和部分家长（自愿报名）。

【活动内容安排】

（一）宣传发动报名阶段

利用班会课对学生进行"生命教育"的宣传，使学生认识生命的起源和意义，理解生命的珍贵，热情地参与生命教育活动。通过信息的方式告诉家长组织学生参观生命体验活动的意义。名额有限，自愿参加。

（二）具体活动安排

1. 获取新知识：先到指定课室集中，统一听取活动讲解，了解活动的注意事项、活动流程以及红十字会的历史。

2. 生命安全之旅：在"人之初"展区了解体验生命孕育的全过程，感受生命在母亲体内的成长过程，按月分解成十个阶段，懂得生命可贵。

3. 视频远程教育：观看生命教育影片或图片。如：防火与逃生、交通安全教育等影片和图片，知道逃生与自救的一些技巧；观看抗震救灾募捐晚会，让学生真正认识生命的意义，提升生命价值。

4. 活动结束后开展"生命体验之旅"作品展示比赛。

（三）温馨提醒

1. 保管好个人物品和财物安全，同学的安全由家长负责。

2. 服从负责人安排，所有人员要有强烈的时间和纪律观念。

3. 活动过程中，注意卫生，不乱吃食物，不随地乱丢垃圾。

这次活动虽然只有3个小时，但是给孩子们留下了深刻的印象，也让其他没有时间参与活动的学生心生羡慕。英才班有三位家长是红十字会的志愿者，活动第二天就来到班级与学生和老师交流，收集学生的作品拿回馆里展示。

（三）生命教育活动总结延伸

生命体验活动，给学生一个重视生命安全的机会，一个感受生命成长的机会，使其以参观体验的方式学习逃生技巧，提高面对突发危机时沉着应对的心理素质。学生和家长纷纷表示，这是一次十分难得的体验，从中学到了非常多实用的知识，希望以后多组织类似的活动。由此我想到了更多的安全教育主题，如"网络安全""防欺凌安全""食品安全"等，争取有计划、持续性地开展，形成系列化活动，使活动成为学生自觉的行为导向。在进行生命教育活动时，我主要基于以下三方面的考虑。

1. 以学生发展为本，注重未来生存技能的体验

教育的本质不仅仅是传授知识，在一定意义上，教育的最高境界是人的生命教育，通过人的生命，去追求更高生命质量而进行的社会活动，是最能体现以人为本的一种事业。在日常的班主任管理工作中，教育承担的生命教育任务之一就是对小学生进行生命安全的教育。高年级的同学对生命的理解要深入一些，绝大部分同学已经知道生命的不可重复。但是很多同学对于珍惜自己和他人生命的重要性，以及对伤害自己和他人生命的危害性还是意识不到。为此，我们可以借助社会资源和网络素材开展活动，如带孩子去生命体验馆，亲身体验一下生命的整个历程；或者对自己的妈妈进行访谈，让孩子知道妈妈经历巨大的痛苦才有了自己的生命，真正体会到生命的宝贵，感知生命成长的奇妙和美好，从而学会感恩父母，学会敬畏生命。节假日，带领学生参加一些公益活动，如去敬老院做志愿者，去福利院看望残疾人。通过与老师的分享互动，让学生深刻体会到：有力量关心帮助别人，就是有价值、有意义的生命。

2. 以弘扬师德为先，注重师生互动的和谐氛围

生命教育是重要的、有意义的，要与学生的现实生活联系起来，才会使学生感到有需求，而乐于参与其中。模拟生活情境来开展生命教育就是一种有效的活动。比如借助"生命教育"主题班会和学生谈谈对生命的认知，或者给孩子做一个关于生命认知的小测试，了解不同年龄阶段的孩子对生命的看法。一般来说，年龄不同的孩子对生命的认识也不同。低年级的孩子对生命的认识比较模糊，对生与死的概念也不是很清晰，对"人死不能复生"和"每个人的生命只有一次"还不能完全理解。在组织活动中，我们要为孩子创建一个师生互动的和谐氛围。比如师生可以一起做"盲人摸象"的游戏，让学生切身体验当盲人的感觉，明白盲人为什么总要伸出双手去触摸，体会黑暗中忽然有一双温暖的手握着，传递的是温暖与力量。

3. 以活动整合为载体，注重新颖舒适的教育环境

整合社会资源开展活动，能让人眼前一亮，达到事半功倍的效果。而外出活动可以更好地调动家长群体的力量，有助于学生接触新事物，开拓视野，增长见识。适宜的环境会对教育效果产生重要的影响，可以激发学生的学习热情，使学生产生积极的情绪，从而提高教育活动的质量。体验式活动就是一个开放的教育环境，在活动内容、活动组织、活动体验、活动评价等方面特色鲜明，给学生提供选择的机会和创新的空间，使活动最大限度地满足学生的自我发展需求。

三、让爱心传递——红领巾义卖活动

小学阶段学生的年龄层次跨度很大，从儿童期过渡到少年期，每个年龄阶段开展的活动，不管是内容的构思还是活动的形式都应该有所区别，但是每次班级活动都离不开班主任在背后参与。高年级学生有较强的自我意识和主人翁意识，具有一定的班级活动组织经验和自我实现的需要。班主任要有意识地将班级活动设计的主导权放手给学生，从旁指导，提出建议。

"红领巾义卖"活动较为有趣，可以激发学生的好奇心和积极参与的热情，有利于学生在体验中收获、成长。但过程的开展需要明确活动要求，细化到每一个小环节，提前和家长做好沟通，以利于学生更好地参与活动。加强活动过程的管理，教育学生文明交易，来获得更好的学习效果和学习体验。

（一）一条微信引发的思考

"放假了，神兽们回来了，在家里看着可生气了，不会帮忙做家务，也不会主动学习，过着衣来伸手饭来张口的大少爷小公主生活。有的孩子又懂事又勤

快，别人家的孩子怎么教育得那么好。我想把神兽还给武老师。"这是班级一位家长发在朋友圈的话，还配有插图。家长的话让我陷入了深思，我们究竟要培养什么样的学生？爱图斯坦曾说过："走出校门后，把学校里学的知识全部忘记，剩下的东西就是教育。"教育的核心目标应该是激发学生的内在潜能，使其各方面得到最充分的发展。眼下孩子的情况真让人担忧啊！

　　教育家陶行知先生说："真教育是心心相印的活动，唯独从心里发出来的才能达到心的深处。"只有充分发挥孩子的主观能动性，使孩子真正成为参与者、组织者、支持者和受惠者的活动，才是真活动。我们培养的孩子最终是要走向社会，接触各种新鲜的事物，与形形色色的人打交道，在社会生活中立足生存。让孩子参与其中，才能促使其拥有获得幸福的能力。于是，一次"红领巾义卖活动"在我心中产生。

　　当天晚上，我就在班级家委会群里表达了组织这次义卖活动的目的和想法，征询家委会成员意见。经过一番商量后，我在班级群中发送了这样一条信息：

尊敬的家长朋友们，晚上好！

　　放假近两周，孩子在家让我们安心放心吗？武老师挺想念孩子们的。为了让孩子体验奉献助人的快乐，锻炼孩子的理财能力，培养他们当家做主的担当，我和家委会商量后，现决定本周日上午开展"红领巾义卖活动"。义卖的物品可以是学生动手制作的创意小发明或者精美的手工制作；也可以是自己的书画作品或者是看过的图书；还可以是自己亲手制作的特色小吃或者自己家里出产的农产品等。义卖的所有款项将捐献给贫困山区的孩子购买图书。此活动以自愿为原则，活动招募摊位区域管理员和协助促销员各两名，请您把这一消息告诉孩子，并利用放假时间在家提醒或指导孩子挑选商品，给商品定好价格，贴好价格标签等，建议价格不超过 20 元。预祝孩子们在本次活动中有所收获，期待您届时莅临指导协助。如果您有意参加活动，请在今明两天内向家委会会长报名，具体活动方案由家委会策划部负责发布，谢谢大家的支持！

　　当孩子们和家长们被我的工作热情所感动时，活动也就成功了一半。此时，大家的心灵相通，高兴地在群里讨论起来。一天后，我们开展的义卖活动方案就发到了群里,家长们和孩子们一样,期待着活动早点到来。

(二)活动的设计与实施

2016年7月21日,在家长委员会爱心爸爸妈妈的精心策划下,我们英才班全体师生和家长共计72人,来到旗峰公园的大草坪上度过了一个上午。以下是这次主题活动的方案:

"英才班红领巾义卖"活动方案

【活动宗旨】

以自愿参与为原则,组织一次"红领巾义卖"活动,让孩子们通过实践的生活模仿获得成功体验,从小树立关爱他人的意识,养成乐于助人、乐于奉献的良好品质;同时也为了丰富孩子们的假期生活,使孩子们在活动中得到丰富的角色体验,弘扬扶危济困、乐善好施的中华民族传统美德,形成人人行善的社会道德新风尚,培养孩子的交往、理财和生活自理能力。

【活动目的】

通过活动对孩子们进行爱心教育、责任教育,让孩子们初步感受市场经济的变化,学习如何进行物品交易,学会交易的一些技巧,树立正确的理财观念。

【活动准备】

(一)宣传发动阶段

班主任牵头在班级群里宣传发动,引起讨论,让家长和孩子明确本次活动的内容和意义。

(二)组织准备阶段

1. 自行挑选好义卖商品,制作广告牌,按要求标好价格。

每人准备1—3件义卖物品,物品可以是自己动手制作的创意小发明或者精美的手工制作;可以是自己的书画作品或者是看过的图书;也可以是自己亲手制作的特色小吃或者自己家里出产的农产品等。孩子们可以自行设计新颖有趣的广告牌来促销,建议所有义卖物品需征求家长同意,并且和家长商议后进行标价。注意价格要合理,建议每件价格控制在5—10元。同时要求义卖物品健康、卫生、安全、质量完好,保持七八成新。

2.选拔培训好义卖摊位区域管理员和协助促销员。

3.招募的义卖摊位区域管理员和协助促销员尽心尽责履行自己的职责,家长负责培训。

4.活动要求和安全教育。

商品按划分好的区域摆放,摆摊收摊要求秩序井然,活动结束后,保持地面卫生干净。售卖过程中,有事好好商量,严禁追逐打闹或者争执。

【活动流程】

(一)活动时间是2016年7月21日上午8:30-11:50,英才班全体师生和部分家长代表自行前往旗峰公园正门口集合,8:30班主任清点人数,讲解活动注意事项,按人数分组进入大草坪活动区域。

(二)到达区域后,先站到自己所在商品售卖区,接着拿出商品等逐一摆放好,最后与旁边人协商好轮流看管售卖商品。

(三)义卖时,区域管理员挨个收取每个摊位1元的管理费。

(四)售卖结束前20分钟进行以物换物活动。

(五)计划11:40开始收摊,学生收拾好自己没有交易完的物品,集中返回大门口,等待父母。

【活动总结】

在正门口集合,班主任总结本次"红领巾义卖"活动,听取孩子对本次活动的建议和感受,要求学生写一篇真情实感的习作。

(三)义卖活动的总结反馈

人之初,性本善。孩子一生下来就是一张白纸,后天的生存环境和受到的教育形成了孩子品德行为的变化。我们经常抱怨孩子贪图享乐,不思进取,那有没有想过用什么办法帮助孩子自我转变呢?把品德教育融入各项实践活动中,激发学生在活动中的情感体验和认知感悟,达到品德内化的目的。组织孩子参加爱心义卖活动,能够塑造和培养孩子健全的人格品质,引导孩子有爱心、懂分享,培养其社会责任感。心理学告诉我们,人的感受和体验主要产生于人的活动,同样一个人心理状态的变化和改善也只能在活动中实现。在活动中,学生的感受和体验必然产生和表现出来,然后通过师生之间和学生之间的沟通和分享，从而自行调整和自我教育。

义卖开始，悦耳的吆喝声和叫卖声点燃了孩子们参与的热情，很多学生自顾不暇，还要帮助同学。整个过程呈现出许多温馨暖心的场景。孩子们在这个活动中，不仅学会了团结合作，还感受到了父母赚钱的不容易。孩子们在习作中是这样写的：

一开始，我觉得义卖活动就是一次活动而已，没想到结束后老师给我们发了几张打印的彩色图片，当我看到那些贫困山区的孩子穿着破烂的衣服坐在石头上读书时，我的眼泪流出来了。同在一片蓝天下，我们都是孩子，却有着不同的命运。我希望他们能有新衣服穿，有好看的图书读，所以这次义卖辛苦赚来的31元，我全部捐出去。回家后，我还要从我的压岁钱里拿出一些钱给他们买文具。

——金波同学

今天参加的活动与众不同，这是一次温暖且有爱的活动。一开始我带来的图书和文具没人光顾，后来在促销员的帮助下，一下子被买走几个，我心中忽然升起一种幸福和感动。这次活动，让我学会了怎样去买卖东西，锻炼了我的语言表达能力，更重要的是我们的爱心能够帮助别人，我觉得非常有意义。

——米拉同学

活动结束后，亲临现场参与活动的小龙爸在班级群这样写道：

感谢武老师，这真的是一次非常愉快和有意义的实践活动，孩子们那么积极参与，应该每个假期开展一次，让孩子们在体验中懂得关爱他人、回报社会，同时也能激励我们更好地去理解人生的价值，学会用自己的爱心点燃别人的生命。

随后很多家长也纷纷晒出了自己的想法，奕希妈妈这样留言：

义卖活动给学生提供了很多锻炼机会，学生可以根据自己的爱好参与，我看到了咱班的绘画小才女靖童设计的广告牌超级好看。售卖时，他们团队的合作意识和创新意识都得到了提升。我家小子回来后有变化，第一次饭后会主动洗碗，还说赚钱很难，自己要好好读书。

第五章

班主任"慧"经营：让爱看得见

我们都在追寻作为班主任的幸福感，有效的师生关系可能是最容易使班主任获得幸福的。美国教育学博士托马斯·戈登说过：教育行业应该说是精神回报最多，也是最具有成就感、令人振奋的职业之一。无论是传道、授业、解惑，还是鼓励、表扬；无论是解决学生争执，还是促进学生进步，推动班级共同发展，都会使班主任感到快乐和幸福。

对许多老师而言，实际教学过程却并非一直都是如意的。大部分老师在开始他们的职业时是带着体验成就感的期待来的，但是学校生活充满了冲突与矛盾。

第一节 "慧"接受，对好老师的误解

一、消除对"好老师"的误解

在第三十个教师节来临之际，习近平总书记来到北京师范大学看望教师学生，并发表了题为"做党和人民满意的好老师"的讲话，提出了用"四有"来定义好老师，引导教学工作者提高教学技能，加强职业修养。

但是，在生活中，大多数人对"好老师"的定义是基于对教师行业和教学活动的浅层理解，对"好老师"有一些误解。通常人们认为，好老师应具如下特质：

好老师没有偏见，平等对待每一个学生，始终如一，不会偏袒，没有最喜欢的学生。好老师不随意发脾气，能保持温和，不会情绪波动，不在学生面前失态，更不会表现出强烈的情绪。好老师总是鼓励学生，总与学生打成一片，与学生形成"统一战线"。好老师什么都知道，比所有人都要睿智。

换句话说，好老师就是比一般人优秀，能力比一般人强，知识面更广。我从这些定义中总结出一个非常适合当这个"好老师"的人选——机器人。因为这些见解忽略了最重要的一条：老师是一个人，具有最起码的人性。

二、做回本我

还记得我刚工作的时候，一味地想树立一个"好老师"的形象，成为学生心目中的好老师。但是，有一次，因朋友离去我异常难过、痛苦，并把这种情绪带到教学中，放下了好老师的角色，做回了自己，做回一个普通人。这时我发现，我与学生之间的关系发生了微妙的变化。在上课前，我带着悲痛的情绪跟学生说清楚情况：朱老师今天因为这样一件让人难过的事情而觉得很不舒服。我蓦然发现，四年级的学生似乎跟我有了共情。他们也表达出难过和惋惜的情绪，这节课上表现得分外认真和乖巧。

在开运动会时，我也放下"好老师"的角色，与他们一起在操场上像"疯子"一样呐喊、一样奔跑，甚至一起"群魔乱舞"。

有人提醒我，如果与学生走太近，他们就不会畏惧，以后就无法掌控他们了。尽管在放下好老师角色时我常常会担惊受怕，却发现那时候是我的教学效果最好的时候。

当然，在学生出现偏差行为时，我就得立刻从自我的角色转换到教师的角色，及时做出反应，以维持秩序和控制场面。

就这样，我一直在两个角色中相互切换。

后来我发现，要解决这种困境有一种方法，既做最真实的自己，实实在在表达情绪和态度，也可以维持课堂秩序进行教学，那就是在良好的师生关系中建立教师的"教"和学生自主的"学"。

第二节 "慧"激励，建立良好的师生关系

小辉最近结交了辍学的社会人员；小丽无心学习，一直看着窗外走神；锦宏胆小内向，从来不参与班级活动；小静是个女生，但是总和男生打架，没有女同学愿意和她交朋友；白白父母离异，向来干净整洁的她突然变得衣衫邋遢，身上经常散发臭味；我们班的班长突然向我辞去班长的职位……

这些数也数不清的学生行为都说明学生有问题了。面对这些问题，作为老师，我们应该怎么有效地帮助学生解决呢？我们不能忽视，也不能将他们打发到心理老师那里，更不能随意地敷衍。有效地帮助学生解决问题能够促进良好的师生关系的建立。

实际上，许多教师面对这些问题时经常束手无策，甚至抱怨，不愿意插手解决与教学无关的问题。其原因是，通常教师在帮助学生解决此类问题时，失败率比较高。当学生遇到问题的时候，大部分教师都能从他们的行为举止中察觉出来，但只是察觉出学生有问题存在是不够的，我们需要帮助学生解决问题。关键是，很多教师不知道怎么做才能给学生提供"有效的帮助"。

一、寻根问源，抓住时机

找到问题的产生点，其实并不难。在日常教学中，我们通过与学生谈话、与家长交流可以找到一些苗头，结合学生问题行为分析，大概就能知道出现这些问题的原因。需要注意的是，抓住产生点来解决问题，切记不要演变成说教、建议、批评。

小宏是一个单亲家庭的孩子，父母离异，爸爸工作繁忙，一直由奶奶照顾他。奶奶对小宏万般宠爱，把他养得白白胖胖。

有一次，班长跑来跟我说："朱老师，您快去！小宏哭了！"我迅速赶到教室，看见小宏趴在桌子上啜泣。我拍拍他的肩膀问："怎么哭鼻子啦？"小宏不理我。旁边的同学告诉我，小宏与小健打架了。我惊呆了，虽然小宏有很多不好的习惯，但绝对不会与别人打架；小健是班里的"文明天使"，乐于助人，团结同学，更不会打架。于是，我找小健了解情况。原来小健看到小宏的情绪低落，便主动去关心他："怎么了？是不是数学没考好，被你妈妈批评了？"就是因为这句话中提到"妈妈"，小宏就动手了。

放学后，我邀请小宏去操场散步，聊最近看了什么电影、看了什么书、交了什么朋友，分享我们班上的趣事……小宏对我说："朱老师，我知道今天做错事了。我不应该打人。"我还在想怎么和他开口，没想到他主动提起了打架一事。我便顺势说："你愿意告诉我原因吗？"这时，小宏的头埋得很深，哽咽道："朱老师，我妈妈在我很小的时候就把我抛弃了，不要我了，我恨她。"成年人的恩怨深深伤害了这个孩子，但我又不知道说什么好，便回答了一句："要不，朱老师做你干妈吧？"他害羞地说："不要，不要！"但他脸上的笑容却是那么的灿烂。

从那天以后，小宏上课坐端正了，偶尔还会举起手来回答问题。有一次上语文课，见小宏举手要回答问题，我便叫他起来回答。但是他的回答并没有让大家满意，班上有丝丝议论的声音，甚至有个着急的孩子大声地说道："咦……蠢！"我严肃地说："小宏是朱老师的干儿子，你也是朱老师的干儿子。兄弟之间应该相亲相爱的诗句是……"全班一起大声地喊道："本自同根生，相煎何太急？"这个"儿子"害羞地低下了头，那个"儿子"也羞愧地涨红了脸。下课后，小宏偷偷跑过来办公室说："朱老师，我真的是你的干儿子吗？"我坚定地点点头，他飞也似的跑了。

老师与孩子接触时，对学生做点儿什么，哪怕是点名发言、上课时在他身边多站一会儿、摸摸他的小脑袋，甚至是一句无意的肯定和关心，都足以产生意想不到的效果。

一位心理学家曾说过："问一个人问题，你能够得到一个答案，仅此而已。"当对方遇到问题时，提问和试探往往成为沟通的"绊脚石"。既然提问会限制与学生之间的情感交流，也不能抓住问题产生点，那我们不妨试试用正面标签的方法。

二、阳光标签，正向影响

美国在二战时有个有趣的心理测试，心理学家让一批行为不良的士兵每月写信告诉家长自己在前线如何遵守纪律、奋勇杀敌，到后来他们果真像信上写的一样。教学不也是一样吗？教师的一句鼓励就能让孩子们更加奋发向上。这就是正面标签的力量，正面的评价往往能够让人更愿意吐露自己的心声。

六年级刚开学，小宏爸爸打来电话，说小宏结交了一个辍学的社会青年，周末被这个社会青年怂恿去偷了别人家的快递，被投诉了。我了解情况后，观察了小宏放学的行踪，发现的确有个高高瘦瘦的男生一放学就在学校门口等他。

第二天中午，我把小宏叫到辅导室，把我观察到的内容跟他讲清楚，并询问情况："干妈相信你，你有自己的判断能力，我想了解你交的这个朋友是不是一个正确判断。"小宏把周末发生的事情告诉我，并向我求救："经过周末的事我很害怕了，已经不想和他玩了，但是他总是来学校等我。"他也很苦恼，因为这个社会青年总上门找他，来学校堵他。即使他意识到与他们交往是错误的，他也似乎很难摆脱这些人。"你相信干妈吗？"他点点头。

我们一起去了政教处，向学校说明情况，寻求了帮助。同时，我给小宏爸爸打电话，商量由爸爸每天下午来学校亲自接送，杜绝了那个社会青年与小宏的接触。

负面标签会使人朝反面的方向转变，而正面标签则能使人转向阳光的一面，朝着更积极的方向发展。

三、尊重学生，自主评判

在帮助学生解决问题的过程中，教师会不经意间将自己放在一个高高在上的位置，在处理学生问题时免不了一顿责备。如果我们在处理问题时，对学生的行为、问题作出了盲目评判，这样一来，学生对这次谈话或者说这次问题解决就持有排斥的态度。

早上来到班里看早读，发现我们班的班长在抄同步练习册的答案。身边的同学还大声"宣扬"："班长抄答案！"如果是平时，我肯定抓起答案对他一顿批评，但是今天我按住了内心的情绪。我坐在讲台上组织早读，时不时看向他，发现他也时不时看向我，看来是有点儿害怕。

下课后，我把他叫到跟前。

我：刚刚是在补作业？

班长：是的，昨天忘记有这项作业了。

我：哦，登记作业的时候没有写上。

班长：因为昨天有合唱团的训练，回来的时候作业被值日生擦掉了。

我：听说你抄作业答案了？

班长：不是的，我是做完了才去看答案的，因为有一道题不确定对不对。

我：现在弄明白了吗？

班长：已经明白了。

我：下次还是先把作业登记好再走，不然会带来好多误会呢。

班长：谢谢老师。

在这件事情上，教师只是描述客观事实，所以学生愿意敞开心扉与教师交流，这样我们就可以发现事情的真相。不评判就没有责备，教师只是观察行为，并和学生一起确认，不带任何评判和职责，也减少很多指责，师生关系因此拉得很近。

四、甜蜜批评，心花怒放

初为人师时，我常常因为学生犯了错，当面指正，大声训斥，以达到"杀鸡给猴看"的目的，结果往往是优秀学生默默流泪，虽不争辩，但渐渐与我疏远；脾气暴躁的学生据"理"力争；遇到"刺儿"学生，会不紧不慢地跟我较上劲儿。结果我的气越积累越多，教育效果也越来越差。曾经听说过这样一个故事：

有个小女孩很贪玩，把她的小狗带进了一家严禁携带小动物入内的商场。小女孩只顾与她的小狗说着"悄悄话"，上到二楼才发现"严禁携带小动物入内"的警示牌，而小狗已经没有地方藏啦。她赶紧乖乖地站好，一边紧搂着小狗，一边看着迎面走来的商场保安，等待着一场"暴风雨"的来临。不料，保安不仅没有训斥她，还笑眯眯地看着她，问道："多么可爱的小狗，它叫什么名字？"小女孩轻声回答："它叫小白。"保安再次笑了笑，摸了摸小狗的头，说："亲爱的小白。你怎么犯糊涂了？我们这儿是不准小狗带小朋友进来的。但是既然来了，也就不为难你啦，离开时请记住，千万要照顾好身边的这位小姑娘啊！"

这个故事给我留下了暖暖的感觉，就此扎根在我的心里，原来批评的话语也可以如此甜蜜，甚至可以带来愉悦感。在诸多的教育方法中，批评是一种具有独特价值而又潜藏风险的方法。批评能帮人认清问题，自我完善，也极可能造成被批评者的防御、对立、逆反、自卑，甚至是"破罐子破摔"。在教育过程中，批评的泛滥或缺位，都不利于学生的健康成长。心理学告诉我们，有时"怎么说"比"说什么"更重要，同样的内容用不同的方式去说，其效果是不一样的。如何面对有过错的学生，如何面对犯了错却仍不知错的孩子，需要教师深刻思考。

小学的孩子正处在一个容易犯错误的年龄，我们帮助他们认识错误并改正，需要教育艺术，需要理解和宽容。所以有时我会把学生请到办公室，让他们给我整理办公桌，在我们共同劳动时，把我想说的话婉转地渗透给他们。有时我也幽默一回，如：学生课间下棋忘我，听不到上课铃声时，我会诙谐地说一句："是谁留下了一个绝世棋局让我解？下课我们一起探讨，现在要上课了。"再比如：学生奔跑上厕所时，在班会课上讨论："厕所一次难求？需要奔跑如厕？"同学们在哈哈大笑之余，也学会了防止安全问题发生的方法。现在的我也养成了习惯：遇到问题首先冷静思考30秒。在尊重的前提下，激其自信，促其自觉，这样的动力才持久，才能达到教育的真正目的。

第三节 "慧"对话，消除抵触情绪

保罗·佛莱雷在《被压迫者教育学》中提到："离开了希望，对话也不能存在。希望扎根于人的不完善之中，人通过不断探索摆脱不完善——这种探索只有在与他人的沟通中才能实现。绝望是沉默的一种形式，是一种否定世界、逃避世界的形式。"学期末，一位可爱的学生跑来抱住我的大腿说："老师，下学期一定还是您教我们哦！一言为定哦！"我问她："你不怕我吗？我可凶了！""不不不，我喜欢您，因为跟您聊天可开心了！"每个老师都是疼爱学生的，但事实上许多老师也在不自知的情况下远离着学生。有的以"爱"之名，对学生施加严厉的控制，比如偷偷在窗口检查学生上课的情况；课间，在走廊蹲守；不允许学生奔跑……这就导致师生之间的隔阂越来越深，学生见老师像老鼠见着猫一样。于是，学生躲着老师，老师追着学生。

师生之间彼此不了解、不倾听、不对话，也就难以达成合作了。我总结了四条帮助师生有效对话的方法。

一、智慧对话，破除屏障

前不久，我在《东方教育时报》上看到袁征先生写的一篇文章，我摘抄了他对小学时自己老师的描述。其中让我深有同感的是：有一次周末和外祖母到菜市场买菜，长长的队伍中居然发现自己的老师，她也提着菜篮子，原来课堂上神圣的老师也会像我们一样生活。的确，许多老师给学生的印象就是神圣而"不食人间烟火"。

这个细节让我想起自己刚工作当班主任时，在一个课间，我上洗手间碰到班里的学生。她们见到我呆住了，说："朱老师，您上洗手间？！"我这才发现我需要改变一下当时的教学方式。

新学期带新一届的学生，我就试想用什么样的方法可以破除师生关系的屏障。我用"第一印象"来融合我的学生。刚开始的一个星期，我和孩子们都在相互打量，都在探索。我就抓住这个时机，让他们一见面就爱上我。我是一位语文老师，第一节课里我用了一篇文言文来介绍自己。三年级的孩子已经接触过文言文了，但是第一次发现原来有老师可以用文言文来介绍自己。我听到底下发出丝丝的惊叹声："肯定是个有水平的老师！"我说："听说我们雅正班的语文水平不错，有谁能告诉朱老师，你认识到朱老师哪些信息？"他们就开始七嘴八舌。"朱老师果然没了解错，我们班的语文水平真的不错！感谢之前的老师给我一个优秀的班。""原来啊，语文可以那么有趣，用文字记录生活比用×音儒雅幽默得多！"见面课一结束，就有十来个同学涌上讲台，跟我分享他的日记本、分享妈妈给他买的《世说新语》，还有打听我是哪里人、结婚没有，等等。从此以后，他们都喜欢下课就跑上来抓住我的手聊天。

心理学上有一种说法：要拉近人与人之间的关系，最快的方法就是寻求帮助。破除师生对话的屏障也同样如此。"闻道有先后，术业有专攻。"但是，许多教师认为老师就应该树立无所不能、无所不知的形象，殊不知这会在师生对话时无形中建起一堵墙。在平时的学校生活中，我经常请学生帮忙，请学生教我下围棋、请学生帮我修破损的语文书，等等。

我们班有一位叫小棕的同学，极其害怕老师。刚开始接手这个班时，小棕看见我在走廊上迎面走来，会立刻掉头就跑。我多次想跟他在课间聊聊天都被"无情"地拒绝了。有一次，我看到他的语文书封皮用日历纸包得非常漂亮，又进一步发现小棕折纸技术高超，没有他折不出来的东西。这天，我便拿着我因用了很久而破皮的语文书，故意等到上课铃打响，他坐在位置上的时候来"求救""小棕，朱老师听说你包书皮很厉害，我这本书用了好多年了，书皮都掉了。你有办法把这本书的书皮弄漂亮吗？"附近的同学听到也来帮腔："老师，他肯定可以，他折纸很厉害的！"小棕低着头笑了笑。"那我这本书就交给你了，可以吗？""好。"小棕小声地回答道。第二天，他拿来了包好的语文书，上面还用马克笔帮我描了"语文"两个字。我非常高兴，摸了摸他的头，这次他没有躲开。接着，我隔三差五地请他帮忙折放粉笔的盒子、装饰教室的灯笼……直到有一天早上回到办公室，我发现杂乱放在桌上的燕尾夹被整齐地放在一个纸盒里，我就知道春天播下的种子要开花了。

或许有人会说，学生对教师有屏障那就是产生了敬畏，有了敬畏学生才会听从教师，教师才能维护自身的尊严。如果我们教师的尊严需要这样刻意制造距离，形成对话屏障才能获得的话，这就是教师的悲哀了。

二、真诚对话，信任奠基

泰戈尔说："不是槌的打击，乃是水的载歌载舞，使鹅卵石臻于完美。"如果承认教育是师生心灵和谐共振、互相感染、互相影响、互相欣赏的精神创造过程的话，那么学生和老师是互为水，也互为鹅卵石。史金霞老师在《重建师生关系》一书里提出："信任是对话的基本原则。扭曲的爱、虚假的谦虚和对别人缺乏依赖是不能产生信任的。信任只有在一方把自己真实、具体的想法告诉别人时才产生；如果一方言行不一致，信任就不可能存在。"

下面是我和一位非常"特殊"的学生之间的故事。

小朋是一个天不怕地不怕的"天王"，在班上是纪律委员的头号观察对象。他一招呼，班里的"四大天王"立刻被唤醒，随即班里就会掀起"狂风巨浪"。但是，这天午休后，我发现小朋闷闷不乐地趴在自己的课桌上，便走过去询问情况。小朋只是摆摆手，不说话。见状我只好回到讲台准备上课，时不时观察一下小朋的状态。这一整节课，小朋双眼放空、愁眉苦脸，对外界一切事情都不感兴趣。

放学时，小朋再也忍不住了，主动来到我的办公室，"朱老师，我想跟您聊一聊。您可以出来一下吗？"我带他来到楼梯转角的空教室，问："小朋，你是有什么困难吗？"小朋吞吞吐吐："我……""如果你有什么困难，而且觉得朱老师可以帮到你的话，你就大胆说。"我尝试着鼓励他说出苦恼他一下午的事情。"朱老师，我今天带了手机回来。您不要生气，我是因为爸爸出差了，姑姑来接我放学，我要与姑姑联系才带的。但是午休之后手机就不见了，我原本放在口袋里的，没有拿出来过。"原来是这个问题，我明白他的痛苦和委屈了。学校规定不能带手机上学，学生即使带了手机必定是东躲西藏的，不能被发现。所以即使丢了他也不敢跟我说，更加不敢去失物招领处报失了。

他一边说一边流眼泪。我拉着他的手说："朱老师明白了，爸爸知道吗？""我还没有来得及告诉爸爸。"我要先解决最重要的问题："你带手机是为了联系姑姑，现在已经到放学时间了，我先给你爸爸打电话联系姑姑来班上接你。"小朋擦了擦眼泪，点点头。"你午休一直在学校里，找过饭堂和睡室吗？"小朋非常着急地说："我已经找过很多遍了！"我拍拍他的肩膀："那就是在路上丢的。朱老师在教师群里帮你发信息问问各位老师有没有看到或者捡到的。我们也一起去找后勤主任，请主任帮我们问问清洁阿姨有没有看到，因为她们对地面的东西是最敏感的。"小朋点着头说："好！老师，我只能求你帮忙了。"说着眼泪又流下来了。我在想，他是需要多大的勇气才敢来向老师坦白自己违规，也是需要多大的信任才敢来求助于我呀！

我说："你也想想会不会放在其他地方或者有其他可能性。我们一起努力，现在我们就等结果好吗？万一没找到，就想想破财挡灾，说不定过一段时间手机就回来了。回家后不要再懊恼这件事情了，有什么消息我会通知爸爸的，好吗？"

晚上，后勤主任发来消息，手机果然是在路上掉的，被清洁阿姨捡到了放在厨房的失物招领处。我立刻把这个好消息告诉小朋爸爸，让他转达给小朋，让这个"小糊涂蛋"安心睡觉。

事情过去了一个星期，到了每个星期班会课的感恩致谢环节，我没想到的是，这个"天王"竟然第一个举手说："今天我想感谢的是……朱老师，因为她帮助了我，而且我相信她能帮助我。"

李镇西曾说过一个例子——"绝不培养告密者"，提到有一个经验丰富的老师，不用深入班级也能得到班里的一手情况，总是对班上的情况一清二楚。有人就请教这位老师，他非常得意地说："要在班上培养几个'心腹'。"在实际教育中，在班上安插告密者的老师不少，他们希望学生能够告诉自己班上的一些情况，培养班干部成为班上同学的"间谍"。这些老师其实是为了更好地了解班级的情况，更快、更及时地处理问题，但是这也潜移默化地埋下了恶果，更重要的是严重恶化了班级同学之间的关系，乃至老师与学生之间的关系。

首先，这种做法是对班上绝大部分学生的不信任。在班里安插告密者，无形当中是在班级安装了摄像头，学生的一举一动都生怕得到老师的"关注"。这样等同于被监视，一旦学生觉醒，他们便会对老师产生焦虑乃至反感。

其次，班上这些告密者与其他同学形成对抗，分裂班集体。一个团结、友好的班集体应该是相互帮助、相互信任的，一旦集体中出现"间谍"，大家就有所猜疑和防范，一方面导致班集体的分裂，更严重的是有可能出现班上绝大多数"被监视者"集体排挤"间谍"，这严重影响了学生的身心健康。

有一位老师朋友在早期也采用了这种培养"告密者"的做法，但是到了高年级，问题出现了。她本想培养的告密者是一个成绩优秀、性格内向的小女生，而这个小女生拒绝了这个安排。事后，她得知小女生拒绝的原因——我不想让班里的同学讨厌我。想想这位性格内向的学生得有多大的勇气才敢拒绝老师的安排，这也说明了这个学生的"三观"非常正确。我建议这位老师朋友与这个小女生道歉并且不再采用这种方式了解班级。这是在挽回老师的威严，也是在挽回老师跟学生之间的关系。

三、用心聆听，意义非凡

这段时间我发现班上的同学喜欢上围棋这项活动，我也非常开心，课间有时间的时候也跟他们切磋切磋。但是，同时出现的一个问题让我非常头疼，就是学生下棋下得非常忘我，连上课了都不知道。

这天，上课铃声已经打响了，我走进教室时发现，还有几个男生围在一起下围棋。随即，我把这节课变成了班会课。

我：最近老师发现，大家对下棋的热爱已经超越了对朱老师的热爱了，连上课铃响了那么久都不知道。

我等待了一会儿，大家都没吭声。

我：那我们来说说下棋的事吧。

我先提问了刚刚下棋的一个男生。他说："因为学校规定不能在走廊奔跑，所以一些游戏被禁止了，而且我们不想下课了还在看书。"

我：的确，这样看来下棋是一项不错的课间活动。

另一个棋友学生：上星期数学老师教会我们一种下棋的方法，所以我们都想练习练习。

我：是吧。但是课间就10分钟，我觉得课间下棋不仅打断了你下棋的思路，也影响了你听课的效果啊！

我停顿了一会儿，观察一下全班同学，他们的状态是放松的。

我：我想看看，能不能解决一下课间下棋的问题呢？

班长：数学老师教我们的下棋游戏方法中有一种是比赛时间比较短的，我们在课间可以用这种方法，另一种耗时长的方法可以放学再玩。

有部分同学纷纷点头。

学生A：其实我们可以把下棋安排在中午吃完饭、午休前的那段时间。

就这样，大家纷纷说出自己的解决方法。

我：那不如我们试试用大家提出的方法，观察几天，看看能不能解决这个问题?

全班:好!

过了两天,周五下午上完最后一节课,在大清洁之前,我想做一个后续的反馈。

我:这两天我特别留意了一下大家课间下棋的情形,的确没有出现听不到铃声的情况了,只是有时候老师来到教室时还有几个没收好棋具的同学。我觉得好开心啊!

同学们也笑了。

我:看来你们也很开心,能说说你们是怎么做到的吗?

学生B:我把每节的上课时间都写在书桌上,下棋的时候请一个同学做裁判的同时也负责看时间,这样就不会忘记了。

学生C:我课间下的都是"短棋",这样比赛回合多,而且不影响思路,上课也不会想着棋局。

大家都非常乐意分享自己的小法子。此时,我再进一步表达我的想法:看到你们用心地去改变,我感到非常开心,我喜欢你们现在上课的状态,也希望大家能够在课间教会朱老师这么有趣的下棋游戏。

一周过去了,我时不时还会在上课铃打响前走到班上悄悄观察,欣喜地发现他们都非常准时收棋,上课也很积极。

聆听的魅力在于看见孩子,相信孩子是有能力的,把解决问题的机会还给他们。所以我没有说教,没有用"我认为你应该……""我要是你,我会……""一个品德高尚的人不应该……""老师难以相信你会犯这么幼稚的错误……"等等,而是邀请他们自己想办法,对于自己想的办法,孩子更愿意去尝试。

四、多元对话,温馨激励

有一次,我们几位老师交流一个话题:20世纪七八十年代生的孩子们对老师多是敬而远之的,认为老师是神圣不可接近的;"90后"的学生会在私底下议论老师,具备对老师说"不"的勇气;而现在"00后"的学生就更加个性张扬，有自己的想法和评判。

随着时代的不断发展，越来越多的教师意识到师生对话的重要性，我们尝试破除屏障、打破隔阂，与学生走得更近。在这一步中，"爱"的表达显得尤为重要，要让学生知道教师的爱，学生也让教师了解他们的爱。这就需要给师生间的爱的对话创造环境。

魏书生在教育他儿子时用了一个方法——爱是需要训练的，他从小就训练儿子给父母洗脚、给长辈洗脚，久而久之儿子就知道这是我的家人，我爱他们，我愿意为他们洗脚，甚至做更多的事。拉近师生之间的距离不也是一种爱的输出和接受吗？都说教师是一份良心活，我相信当教师的都是爱学生的，起码是想学生越来越好的。但是为什么有部分学生认为：老师不喜欢我，老师偏心，老师可能因为我做错了事情而从此放弃我……这可能就是缺少表达爱的平台和机会。

从开学开始，我每周都会上一节感恩致谢课。起初大家都不敢上台来感恩致谢，我就先开了个头："今天朱老师拿着很多作业本，芷乔一见到我就跑来帮我，这让我太感动了。朱老师看教室和公共区卫生也做得非常好！我想感谢今天值日的同学们。"

学生一听，原来这些小事也可以感恩致谢，便纷纷上来感恩同学，感恩同一层楼的五、六年级的哥哥姐姐。每一次都有20多个学生上来感恩，先是积极举手的同学，到后来连平时一天都说不到一句话的孩子也勇敢地上来感恩了。

经过一段时间的感恩致谢，在一个周末我布置了一项作业：给朱老师写情书。

我说："从开学到现在我们已经度过了11周了，你们对朱老师是什么情感呢？你们看到朱老师为大家做了些什么呢？周末请大家给朱老师写一封情书。"周一我收到了各种各样的情书，有一个男生还给我写了一首情诗。

班会课上，我让他们"给朱老师念情书"。我们班有一个最喜欢在走廊奔跑的同学，说我每次批评他都是为了他的安全，但是他还是会忍不住，他觉得很对不起我，说着说着自己哭起来了，但是从那以后他再也没有在走廊跑过。有个小女生自从看到我戴了戒指后，总是担心我会请假，说以前她有一个老师结婚了没多久就请假不教他们了。所以念情书时，她说道："朱老师不知道什么时候也会请假离开我们，但是我相信朱老师不会丢下我们的，我希望朱老师请假回来还能带着我们到六年级。"

"情书风波"后我发现，孩子们非常心疼我。我上课从不带水杯，但是前段时间知道我咳嗽后，总有几个孩子一上我的课就来我办公室帮我装水、拿衣服。学生对老师的爱就这样油然而生了。每个孩子都带着感恩的心去面对同学、面对老师，这就是一种爱的对话与表达。

第四节 "慧"协同，搭建家校合作桥梁

教育是开放的，教师、学校与社会应该联合施教。家长是维系师生关系的一道桥梁。教师不是万能的，家校合作才能润物细无声地促进师生之间良好关系的建立。

一、家长，师生关系的桥梁

（一）让家长"爱"上老师

很多年轻的老师都会有一种想法：我是年轻老师，家长可能会不信任我，所以我要打扮得成熟一些，让家长觉得我经验丰富。而我毫不掩饰我年轻，但是我用心。

新学期开学前，我们班召开了一次家长会。我是通过家委会会长约见大家的，我发出了如下信息：我想约大家来学校聊一聊，彼此熟悉熟悉。这次家长会很令我意外，竟然来了25位家长。家长第一次见老师，思考的可能就是：老师漂不漂亮？有没有经验？够不够有爱心？……

开会之前，我背下了从各个老师口中得知的学生信息，并把每个学生的名字都记下来了。在家长会上，我不单单介绍了自己和新接班的科任老师，更重要的是把我带班的期望和班级理念告诉家长。我非常仔细地列出我对这个班的一个三年规划：四年级培养什么习惯、五年级管理什么能力、六年级冲什么目标。

根据我们班人数多、教室小、男生多、跑动比较多的情况，我建议设置一个书包柜，再放置一些温柔的东西，让学生安静下来，柔下来。

一学期以来，每当到了运动会、家长值日的时候，家委会就会组织各个家长早早帮我们班订好班服、做好值日安排表。这些以前让我头疼的事，家委会通通都帮我安排好了。我只是听从安排，然后等收成果。

我的教学启蒙人苏慧迎老师每每新接一个班级总能第一时间取得家长们的信任和爱戴。一个学期下来，我仔细观察发现苏老师不仅按学校要求开展一学期一次的家长会，还会每个月定期召开家长委员会会议，而且家长委员会每个学期都不是同一批家长，人数还越来越多。当时我就此询问过苏老师，她告诉我其中的道理：现在大多数家长都不像以前的家长，他们不缺文化更不缺资源，他们缺少的是参与孩子校园活动的机会和对老师工作的认知。

的确如此，家长抱怨在家管理孩子有多难的时候，总会感同身受地问："老师，您在班上管理50多位学生是怎么做到的？"但是，绝大部分家长总觉得小学老师就是教授课本上的知识和基本的德育，因为没有深入校园，根本不知道老师的工作有多辛苦，也就不会尊敬老师。苏老师的班级小到举行班级儿童节游园活动，大到参加校园运动会，都邀请家委会加入；小到负责清点学生人数，大到组织排练节目，都有家长参与其中。这样，家长对学校、对老师的认识就不仅仅停留在一学期一次的家长会中，而是亲身体验，实实在在感受，从而"爱"上老师。

（二）让家长成为师生关系的桥梁

家长对孩子寄予了很大希望，为了孩子，他们可以付出更多的代价。班主任在教育学生的同时，如果能把家长当作朋友，让他们成为自己的宣传大使，工作必然会格外顺利。从家长把孩子送来学校的第一天开始，老师与家长就成了朋友，而且是志同道合的朋友。如果班主任和家长以一种更亲密的关系——合作伙伴的身份相处，班主任的工作会更顺利。

我曾教过一个学生，小慧。接班第一天，我就发现这个小男生特别排斥我，见面会上全程把头扭向窗外，对我说的每一句话都不屑一顾。我认为他应该是太想念以前的老师，一下子不适应换班主任而产生了消极和回避心理。接下来的一个星期、两个星期，他还是如此，连课间看到我迎面走来也会立刻转头就跑。后来发现不仅仅对我，对其他老师他也如此，拒绝与老师一切的交流。直到我把家长请来了解情况后才知道，原来小慧以前在老家上幼儿园的时候被老师罚进过"小黑屋"，由于恐惧和厌恶，从此对老师都非常排斥。我和搭班老师商量，给家长一个"任务"——做老师的宣传大使。从家长入手，让他对老师放下成见。

随后的一个月里，老师和家长在学校网站、学校公众号里把有关科任老师的资讯提取出来。家长在家的时候假装不经意地提及："小慧，这是你们班的数学老师吗？原来她是我们东莞市的教学能手，教学能手才那么几个，就分到你们班了啊！给我说说数学老师是怎样的一个人。""你们班换了新的班主任，听其他家长说是她个很幽默的老师，妈妈还没见过呢，你觉得呢？"我们各个科任老师每天都记录小慧的进步点和发光点发给家长，家长又跟孩子反馈："今天朱老师给妈妈发信息表扬你了，说你帮同学做值日了，难怪你今天晚放学了。""我刚刚在学校门口看到数学老师了，她告诉我这次的计算题你有进步哦！"

经过一个月这样的"糖衣"宣传，小慧逐渐敞开了心扉。在一次"我最喜爱的书"分享会上，我提前两个星期告诉小慧的家长有这个活动，一起鼓励他参加。我建议爸爸每天晚上都可以跟小慧重复地阅读他最喜欢的书。爸爸还特意把以前的旧书换了，重新买了一本新的。活动开始的那天，妈妈大力鼓励小慧。在分享会上，小慧带来了他最喜欢的汽车图书，而且是一本新的书，封面非常漂亮。我在课上说："今天朱老师遇到的一个问题，有个朋友载我到学校，跟我说了他的车是什么牌子的，但是我根本就不懂车，所以今天我找了很久才找到这个朋友的车。如果我认识一点点车，那就能省下好多时间，希望今天也有教朱老师认车的书籍。"其他学生都看到小慧的书，纷纷推荐他、鼓励他。我走到他面前说："你的书好漂亮啊！"小慧腼腆地笑笑。那节课是小慧开学以来听得最认真的一节课了。

二、活动，解决问题的关键

如何维持一个良好的班级环境，许多老师常常感到束手无策。面对学校的管理要求和学生爱玩的天性，老师不是在处理学生问题就是在处理学生问题的路上。而校园里最热议的一个话题肯定是——校园安全，这里面包括了最近备受关注的校园霸凌。校园里学生密集，磕磕碰碰的情况时有发生，因此安全教育成了我们教育的一个难点。我们批评、说教、惩罚，都没多大作用，并且学生对老师周而复始的"教育"已经达到"左耳进右耳出"的境界了。

曾经有一个学生被问起对老师的印象时，脱口而出的就是：唠叨。这两个字清晰地表达了他对教师厌倦的情绪。这也严重影响了师生关系。针对这个问题，我们工作室的几个老师探讨：既然说教的方法根本不适用，我们可以用活动的方式来解决吗？

（一）护蛋行动

我们设计的第一个活动是"护蛋行动"。周一，我让每位孩子都准备一个生鸡蛋。班会课上，我问大家鸡蛋有什么特点。他们都说容易碎，一不小心就会破。是的，生命何尝不是呢？我告诉孩子们：现在你们每人都有一个鸡蛋，这就是你们的"生命蛋"，在未来的一周里我们将进行守护生命蛋行动。在活动开始之前，我跟他们约定了几点要求：①全情投入，大胆发言。②时时刻刻与蛋同行。③上课玩蛋，你就完蛋。④生命只有一次，蛋破即游戏结束。

我还让他们在自己的蛋上绘画，每个蛋都有自己的特色，非常漂亮，非常有趣。

孩子们为了保护这个蛋，还给蛋做了各式各样的防撞衣。有的给蛋搭太空舱；有的给蛋盖别墅；有个孩子还给蛋做了个背带，时时刻刻把蛋背在了身上。

这节课刚下课，就有5只鸡蛋摔破了。我记得一个孩子一边收拾蛋液一边哭着说："朱老师，这个蛋太容易碎了，我一不小心就给碰碎了。"还有一个孩子在星期五的上午（活动的最后一天）拿着蛋跟同学们炫耀："我的蛋巨结实，上次从桌子上摔下来都没事。我表演给大家看。"结果他一用力，就把鸡蛋捏碎了，哭得稀里哗啦。

每一次破了蛋，他们都会主动过来跟我诉说蛋破的原因。这时候我都会心疼地抱抱他们，郑重地说一句："对不起，生命结束，退出游戏。"他们都会非常难过地回到自己的位置上。

全班53个鸡蛋，到最后只有23个完好无损。我不在乎多少个鸡蛋碎了，多少个鸡蛋还完好，只在乎在护蛋过程中他们有没有对生命产生敬畏。星期五的最后一节课，我开了一个分享会，让孩子们说说自己在护蛋过程中的体会。有的孩子感谢一起帮忙保护生命蛋的同学，有的说了自己护蛋的惊险时刻，有的感恩家长帮忙做了生命蛋别墅，更有孩子说到自己的蛋碎时想起车祸去世的家人……

这样的活动和分享，可以让孩子们尊重个体的生命，珍爱自己的生命。这些大道理我们经常讲，但是没有一个真实的活动的意义来得深刻。现在我们班的追逐现象减少了，也不见有玩危险游戏的情况，更多的是在班上下棋、玩魔方。我想这就是一种正能量的催生。

（二）盲人助我行

我们说：尊重自己是生存，尊重他人才是生活。对于四年级的学生，最让我们老师头疼的就是用打架、用暴力解决问题。怎么让他们学会同伴之间互助呢？当我们身体健康的时候，同学们不珍惜，如果真的有一天失去了生命，又有什么样的感受呢？孩子们没有体会过，于是我们设计了第二个活动——盲人助我行。

这个活动是让学生尝试一下身体有残缺的滋味。我把全班孩子随机分为两部分，一半戴上眼罩充当"盲人"，一半扮演"引路人"。引路人一路护送"盲人"，按照老师设计好的路线走校园一周，途中会遇到很多事先设置好的障碍物。"盲人"对路线和障碍事先都不知晓，也完全不知道牵着自己走的人是谁，只能靠护送的引路人贴身带领。参与的所有人途中不能有任何语言交流。为了保护孩子们在活动中的安全，我们还邀请了15位志愿者家长到场支援看护，同时也见证孩子们在活动中的高光时刻。

在场很多家长都以为孩子们有玩性，会不听指挥乱闯，造成碰撞。但是这些担心在孩子们全情投入活动中化作无形。每一个"引路人"都小心翼翼地呵护着身边的"盲人"。遇到桌子，有的"引路人"把伙伴抱上去；鞋带开了，帮他系好，一步一步慢慢带着"盲人"往前走。"盲人"即使很害怕，也都全心全意信任着身边的伙伴。

在活动后的分享会上，老师让扮演"盲人"的同学说说自己的感受。有的同学说会觉得害怕，不知道会碰到什么危险而不敢向前走，但是后来有"引路人"带着，他觉得非常有安全感，就不怕了。之后，我再让这些"盲人"猜一猜刚刚帮助他的人是谁。有一个小男生说："我觉得是她，因为刚刚我摸了一下她的手，是软软的，小小的，应该是一个矮小的女生，所以我觉得是她。"果然被他猜对了。这个男生从礼品箱里抽了一份小惊喜送给这个"引路人"，感谢她在过障碍的时候引导自己。

有一个"引路人"的感受让我印象很深，他说：我发现原来我们健全的身体，没有残缺是那么好，我们要主动去帮助有困难的人。

小学同学是我们读书生活中相处最久的，同学间友谊也是最单纯的。这个活动让孩子们体会了帮助和被帮助，尊重同伴的生命、感受同伴的互助。

活动之后我发现，在感恩课上感恩同学、感恩好朋友的孩子越来越多了。一个个感谢和拥抱成了班级凝聚力的正能量。

第五节 "慧"布置，生成师生爱环境

学校是育人的场所，应该拥有浓厚的文化气息，而班级文化是学校文化的一个重要窗口。苏霍姆林斯基说过："只有创造一个教育人的环境，教育才能收到预期的效果。"作为一个集体学习和受教育的基地——教室，其环境的优劣对学生会产生潜移默化的影响。因此，用心创设班级环境，精心打造班级文化是熏陶学生、创造育人环境的重要举措。另外，班级文化环境也是一面镜子，可以反映班主任的教育观念。

一、"语过天晴"，化解矛盾

有一位班主任曾跟我吐槽："每周都要写什么'知心姐姐'报告，记录跟学生的聊天内容，了解学生的烦恼。但是根本就没有学生愿意跟我聊天，都是说找同学聊、朋友聊，少部分找家长聊。"学校的安排本意是好的，却成了班主任任务式的烦恼。学生不愿意找班主任聊天的原因，我觉得主要有以下几个：一是班主任不够"亲民"。班主任为了建立威信，往往会拉开与学生之间的距离。二是时间仓促没有解决问题。班主任有时候太忙，听孩子的细诉需要

很长时间，于是就敷衍几句完事，结果问题没有得到根本解决。三是对班主任的信任度不够。学生每次和班主任咨询的都是关于学习的问题，因为对班主任的信任度不够，内心深处一些的问题必定不会找班主任，生怕班主任与家长反映。

我们班有一个信箱，它有一个好听的名字，叫"语过天晴"信箱。我明确告诉学生："这是我们之间的一个秘密，大家有什么烦恼、快乐、投诉甚至对老师的意见都可以写下来放进去，你们可以署名也可以匿名。收到的信我一定会在一个星期内回复。"刚开始出于陌生，大家都不敢写信。我便和搭班老师沟通，于是搭班老师成为"语过天晴"信箱的第一位"顾客"。

自从有了"语过天晴"信箱，学生更愿意与我分享自己的事情。刚开始，学生因为好奇，陆陆续续给朱老师写信：与好朋友闹矛盾了；家长会前的考试考砸了，怎么可以逃过父母和老师的"关心"；询问向父母讨零花钱买一件想要的玩具的方法；分享自己喜欢的男生特质……他们发现对于自己的问题，朱老师都非常用心地回信和解答，最重要的是保密。大家渐渐地爱上这种聊天方式了。有了这个信箱后，我发现我跟孩子们的关系拉近了许多，也让我们建立了良好的师生关系。魏书生老师说过："用孩子心灵深处的能源，去照亮孩子的精神世界，显然是最节省能源的方法。"只要想办法调动他们的正能量，通过这种写信的方式往往比教师的唠唠叨叨更有效。

二、情绪小屋，别出心裁

现代社会生活节奏越来越快，人们的压力也越来越大，如何发泄情绪是一大难题。在学校，老师和学生的情绪是影响师生关系一大因素。学生因为没有完成作业被老师批评了导致情绪不好，随即课间与同桌发生冲突。老师介入处理，想到这个学生没交作业又与同学打架，激起又一波的师生矛盾。这样的恶性循环严重拉远了教师与学生之间的距离。不论是老师的情绪还是学生的情绪，都严重影响着我们的教学效率和质量。最近，一种名为"情绪发泄屋"的场所悄然兴起。顾客穿上防护服，拿起棒球棍，可以砸啤酒瓶、盘子、键盘，甚至是显示器来发泄自己的情绪。学校不允许用武力解决问题，那我们师生该如何发泄和消化自己的情绪呢？

情绪屋是个不错的选择。班会课上，我跟大家普及了我们每个人都有情绪、不同的情绪的形成和情绪给我们带来的影响。我与学生一起，在拥挤的教室里找到一个角落作为情绪屋，来处理我们的情绪。这个情绪屋并不是一个只有一张椅子的虚拟环境，而是师生一起讨论如何布置才能更好地宣泄我们的情绪，达到迅速冷静的效果。因此有了小盆栽、一条小金鱼、一张非常可爱的小沙发……这个情绪屋每天都在处理各种各样的情绪。有一次，我在上作文课的时候，读了一段："如果我当上了体育委员，我会教大家跑步的时候不要呼吸……"大家听了捧腹大笑，小驰同学似乎被戳中了"笑穴"，不能控制地在地上打滚，笑声久久不能停止。我便让他到情绪屋里冷静。这样既不影响其他学生上课，也让他知道要学会控制自己的情绪。学生如果闹矛盾准备拳脚相见时，班干部不会跑来找老师，而是把他们送到情绪屋的小沙发上。这时候金鱼和植物能分散他们的注意力，他们还可以把怒气发泄在小沙包上，缓解情绪。这样一来，打架事件发生时，班干部便能迅速找到处理问题的方法，而且减少老师了"救火"的次数，缩短矛盾时间。

不仅仅是学生，老师有情绪了也可以到情绪屋里坐坐。每到改听写本，发现学生错误很多的时候，我都拿着笔和作业本到情绪屋里坐着。我跟学生开玩笑道："老师的情绪也需要宣泄，尤其是改作业的时候。"

情绪出现的时候，我们要采取合适的发泄情绪的方式。很多人都习惯压抑自己的情绪，这样可能会导致身体出现一些疾病。情绪屋可以控制过度的愉悦情绪、宣泄压抑的情绪、冷静愤怒的情绪……帮助师生处理自我情绪，从而创建更加和谐的教学环境。

三、每日分享，拉近距离

生活中的许多快乐都是互相分享得来的。以前读书住宿，每天除了上课、听课、下课，最开心的就是跟舍友在宿舍围坐在一起分享快乐，谈谈今天发生的趣事，或是说说悄悄话，或是分享一首歌、一部电影……这个方法用在教育上同样适用。师生之间的相互分享能有效激起相互的好感。

我班有一个班规，就是"每日一分享"，按照学号轮流分享，可以分享一首歌、一个故事、一则新闻、一盆植物，甚至自己的宠物。我们的科任老师也加入其中。作为班主任，我每个星期都分享一次，听到一首好歌忍不住下载下来带给学生，看到一个好的视频也不惜利用紧张的上课时间放给大家看。老师热情分享，学生更加热爱分享。形成这样的习惯后，学生不仅在轮到学号时才上台分享，有时候还利用课间十分钟与我分享班级趣事和生活好物。我们交换水果、分享月饼、一起欣赏好歌……甚至学生们还会向我展示给家长按摩的手法，并让我感受谁的手法更熟练。每日一分享，分享的不仅是一物，更是分享一份心情。老师分享，学生也分享，渐渐地我们在学习以外找到了挂念对方的心思。在生活中看到好的事情会记下来，要回学校跟大家分享，心里便时刻装着对方了。

四、自主会议，民主创新

培养孩子们的主人翁意识和集体荣誉感，要从教会孩子承担责任开始。教师亲力亲为，带领孩子们包岗大扫除，监督每日值日任务落实情况；赋予孩子们最大的自由，让板报小组自行负责构思设计黑板报；召开班干部会议，由班干部提出班务问题，自行拟定解决方案，并组织力量落实解决。肩膀虽小，责任重大，但全班孩子的合力更大。

成功的班级管理，从培养一个有担当的小助手团队开始。在我们班，为了培养小助手们发现问题、解决问题的能力，我鼓励小团队自由发挥班级管理构想。小团队集思广益，群策群力，已经能自己发现问题的关键，自行对症下药、提出方案。

第六章

班主任"慧"赏识：照亮学生的前程

魏书生说过："当你把身边的人看成是天使时，你就觉得你活在天堂里；若你把自己身边的人看成魔鬼，你就活在地狱里。"这句话时刻提醒我，要多赏识学生，把他们看作是"天使"。都说"天生我材必有用"，学生一定有他的长处，只要我们好好挖掘，用心赏识，我们一定可以用孩子自身的能源去照亮他们。

第一节 "慧"赏识，听童声

一、老师，我想对您说

"罗老师，我怎么会生出一个这样的儿子？我跟他爸都不是他那样的。他整天说我穿衣服老土，已经一年没有跟我们去见外公外婆了……"一位母亲含泪拉着我的手不停地诉说。这是去年6月，开毕业班报读初中的家长会议结束后发生的事情。这位母亲是我去年毕业班学生小熹的妈妈，这已经是她第三次向我哭诉了。

小熹确实是一个很特别的孩子，性格古怪，想法与众不同。他的阅读量很大，可谓上知天文，下知地理。历史事件的具体地点和时间，他都记得一清二楚。现在孩子的成长环境跟以前很不一样了，我们还用旧的方法教现在的孩子，适合吗？作为一名教育工作者，我们需要思考的问题太多，不妨先听听孩子是怎么想的、怎么说的，其实他们的内心跟我们所理解的不一样。针对小熹的具体情况，我经常注意倾听他的心声，一直在跟踪了解和帮助他健康成长。

（一）性格古怪，朋友少

小熹的性格有多古怪？他很容易跟别人发生矛盾，玩的时候不愿意按照大家的规矩去做，喜欢有自己的点子；早读不读书，一个人朗读时却充满感情。他自认为语文知识很丰富，却连一个简单的汉字都没办法写正确，回答问题总是简单到老师无法理解。如果看到批改的本子上打"×"，他就会跟我理论，反问说："凭什么说错？"他写的作文里口语非常多，总是写一大堆对话，事情经过写不清楚。

有一次大课间，小熹想玩篮球，男同学都嫌他技术不好不跟他玩。他就跑过来跟我说了。我跟其他男同学说，要大家一起玩。之后我看小熹打篮球，他的动作非常不协调，拍球时高时低，带球总是丢球，传球还会打到人。别人实在是没办法跟他一起玩，但他还是不肯走，弄得其他人都很没趣。大家都不把球传给他，他就又来向我投诉了。没办法，我劝他去玩别的，他撇撇嘴就走了。

我向小熹妈妈讲述小熹在学校的表现时，他妈妈就非常激动，在电话里不停地向我诉说，说他在家的种种不可思议的行为。小熹在家经常跟父母顶撞，说爸爸晚上常不回家，回家就抽烟。爸爸教育他不要吃零食，他就说爸爸经常吃鸭头、毛豆，而且凌晨三点才睡。小熹还嫌妈妈说话太多，经常不注意细节，总看手机，天天臭美；说妈妈做人不诚信，总是口是心非。

小熹的性格真是太古怪了，很多同学都不敢跟他玩，也没办法跟他玩。他最要好的朋友只有一个，就是跟他一起研究数学的小彬。也许是小熹自己也挑朋友，不乐意跟一般的同学玩。

（二）才华横溢，粉丝多

小熹在数学学习上表现很突出。很多同学虽然不喜欢跟他玩，但都很佩服他。他还跟好朋友小彬在班里成立了一个数学研究社团，研究高等数学。有一次，小燊跑过来难过地跟我说："罗老师，我想加入小熹的数学社团，他却不要我。"我看着他可怜巴巴的样子，就叫来小熹问："小燊想跟你们一起研究数学，让他加入你们的社团好吗？"小熹严肃地说："罗老师，他的数学水平太垃圾了，没办法做一些难题。""你教他嘛，如果能让一个不懂数学的人有进步，你们的社团不是更牛了吗？"他听了爽快地答应了。就这样，我们班掀起了一股研究数学的热潮，经常可以看见有些同学围着小熹问这问那。他也忙得不亦乐乎，手上常常拿着数学题和笔。

小熹除了数学好，口才也很好。记得五年级时，我们班开展了一次"小学生上网利大还是弊大"的辩论赛，分男女组辩论，男同学一致推选小熹做组长。小熹也不推辞，回家认真收集资料，作好充分准备。辩论当天，小熹给自己组争取到了最多的分数。同学们都为他感到骄傲。学校选五年级的学生参加辩论赛，我选了小熹。可是后来，负责辩论赛的老师跟我说，小熹没准时参加训练，态度不是很好，结果没被选去参赛。我真为他感到可惜。

（三）赤子之心，说真话

在复习的最后阶段，我发现有的学生非常烦躁，有一段时间书写很马虎，做题正确率很低，出现很多低级错误。我便利用课堂时间让学生说说自己这段时间的感受。学生听说可以说心里话，两眼发光，争着举手要说。有的学生说自己很累，每天都是写写写；有的说整天坐在课室，发现裤子都坐薄了；有的说已经很认真了，妈妈还是不满意，写完作业还要"加菜"……多么真实的感受，多么痛苦的备考。我还让学生写下来给我看。其中，小熹对我说的心里话最多。他这样写道：

你上课怎么总不让我发言，我和小彬举手，你优先请他。我可以大声地向全班人说："我知道的知识最多。"是真的，我的生物知识比小燊多一倍，我还知道天文、物理、化学、高等数学、生物、人体、地理、历史、维度理论、军事和电脑等。我的知识可以达到高中等级。你为什么一个劲儿地夸小彬，而从来不夸比小彬的知识多上起码80倍的我呢？……

读了小熹写给我的话，我是这样回复他的："老师边看边笑，觉得你太可爱、太直爽了，也许老师不能以分数来衡量你。老师也心疼你，你阅读量大，人很聪明，但如果考试不过关，你的才华可能会被埋没。你的语文学习可以从以下几点努力：一是正确写每一个字，不乱涂改；二是详细回答问题，先说观点，再解释说明；三是写作文要有点文学味，不要有口语。老师欢迎你与我交流观点看法，在我眼里，每个学生都一样。"

作为班主任的我们，应该根据每个孩子不同的性格特点，逐一地为他们解开心中的结，打开充满阳光和温暖的那一扇窗。我们理解了学生，学生心里是知道的。后来小熹在毕业纪念册里写了一段让我感动万分的话：

亲爱的罗老师：

  您好。我是您的学生小熹，这封信是为了纪念在五小您对我的教育之恩而写的。

  人们形容老师是"人类灵魂的工程师"。您这位"人类灵魂的工程师"，用了4年时光，教育出了一个完美的四班。在这里我衷心地感谢您。是您，让我们凝聚在一起；是您，造就了我们的美好的未来。您拥有"人类灵魂的工程师"这个荣誉实不为过。

  记得五年级时，我"愤愤不平"地写了封1000字的信给您，里面都是投诉，甚至可以说是批评的文字，可您却宽宏大量，并没有骂我，而是批字："你在国外一定有出息。"从这里可以看出您是个宽宏大量、开明的老师，不但没有计较，反而批了段优美的文字，与我的信成了鲜明的对比。

  毕业了，我们四班与五小告别了。但您的努力却刻在了我们的脑海里，融入了我们的记忆，带进了接下来的初中生活。光阴似箭，日月如梭，4年时间很快过去了。在过去的4年里，您付出了80000分钟给我们上了2000节语文课，付出了19200分钟上了480节阅读、思品、综合课。平均每个工作日，您都要花上2个多小时来教育我们，不仅是教我们语文，还教我们做人的道理。您不仅让我们学习进步，还让我们道德进步。您塑造了42个完美的灵魂，您真的是"人类灵魂的工程师"！

  最后，我祝您事业进步、平平安安。

  每次读这段话，我的心情都不能平静。我没有奢望自己能成为"人类灵魂的工程师"，总感觉那太理想了，自己也没做什么大不了的事情，只是按部就班，每天做自己应该做的事情。也许在孩子们的心中却不一样，他们最需要的并不是老师能教会他们多么高深的知识，而是老师对他们的理解。今年1月初，小熹妈妈在还热闹的班级群里发信息：604班好棒、好神奇，小熹这次期末考试全班排第四，数学满分，感恩三位老师！听到这一消息，我真心高兴。

  小熹的信，鼓励着我要做一个理解学生的老师。孩子在不断地成长，也许在他不同的年龄阶段会有很多稀奇古怪的想法，我们需要像《窗边的小豆豆》里的校长先生一样，耐心地倾听他们的心声。不是每一个学生都敢大胆说出自己的内心话,写信也许是个不错的方法,每一封信都有孩子们小小的故事——打开它,阅读它。

二、说明书道真相

开始接405班时,班里很多孩子喜欢欺负小愉。她妈妈经常给我打电话,说有人欺负小愉。我看她很善良的样子,并不招人嫌。为了查找原因,我让小愉罗列欺负她的孩子名单给我。

(一)都是尖叫惹的祸

一共有8位孩子经常欺负小愉,我问他们小愉有什么做得不好的地方,大家为什么不喜欢她。孩子们七嘴八舌地说:"她有时候无缘无故大叫,好吓人。"为什么叫呢?经过半小时的谈话,我了解到小愉很喜欢看古装片,经常沉迷在戏中,幻想自己是公主,见了一点儿小事就一惊一乍,给全班同学造成了困扰,导致班里没有一个人喜欢她。又因为小愉家里经济条件较差,每周三便服日的时候,她都穿同一套衣服,一双便宜的塑料鞋。同学们本来就看不起小愉,再加上她经常尖叫,自然惹"祸"上身了。

(二)说明书道出内幕

小燕和小淇的家庭也不太宽裕,她们喜欢找小愉玩,没想到的是,连她们都欺负小愉。有一次游泳课,大家上完课换衣服的时候,小燕挑唆小淇偷偷拿走了小愉的衣服丢在门后面,让小愉找了大半天。

回家后,小愉跟妈妈说了这件事情。小愉妈妈火冒三丈。小愉妈妈跟我通了大半个小时的电话,也没弄清楚事情的前因后果。没办法,我让三个孩子分别写了说明书,小燕和小淇都不承认是自己丢衣服,都说不知道。小燕的妈妈也护着自己的女儿说,我的孩子不会做那样的事情。小愉妈妈要了两位孩子家长的电话,刨根问底地追问。小淇胆子小,再加上家长教育得比较严格,终于在第二封说明书里说出了真相。小燕开始也是嘴硬,不肯承认,后来我找了两个证人,结果她在第二封说明书里说出是自己做的"好事"。

第二天,小愉妈妈来了学校,亲自找了小淇和小燕,警告她们不能欺负自己的女儿。她们表示知道了,也委屈地说,小愉的尖叫让她们很烦恼。班里的孩子看见小愉妈妈的样子,心里也有点儿害怕。我趁机警告孩子们,有事情跟老师和家长说，不能暗地里欺负同学。

（三）化敌为友的欣喜

事后，我也找来了小愉和她妈妈，一起好好聊了小愉自身的问题。小愉妈妈说孩子在家确实总是看电视，不看课外书，也苦恼同学取笑孩子衣着的事情。我教育小愉说，不好好学习，没有本领，将来会有更多的人欺负她，老师和妈妈不能一辈子帮助她。小愉听了，明白了看太多电视的后果很严重，并说以后会改正大喊大叫的毛病。

渐渐的，小愉变得懂事了，好朋友也多了。小淇和小燕还是经常跟小愉玩。本来成绩很不理想的小淇，在好朋友的鼓励下，也变得越来越有进步。小愉心地善良，好朋友的不对早就忘了。课间时，她们还是手拉手，玩得很开心。

三、作文里藏秘密

我们语文老师批改作文时，总会了解到孩子们的很多心事。有的说，父母的争吵离异让自己非常苦恼；有的说，同学之间的误会无法化解，自己不知如何是好；有的说，老师的批评指责像给自己判刑。小彬的父母离异了，他感到很自卑，总是不敢正眼看老师。不善于表达的他写作文却很不错。有一次，我看到了他藏在作文里的心里话。

（一）孩子眼里的妈妈

"妈妈，你跟那位叔叔过得很好吧？你为什么不来看我？我很想你……"读着这篇出自一个三年级 8 岁孩子《妈妈，我想对您说》的作文时，我的泪水立马涌了出来。小彬的父母离异后，他跟着爸爸和奶奶生活。平时，我从他的眼神里能感受到他的自卑和倔强。也许这是离异家庭的孩子独有的目光。从作文里，我感受到一位日夜想念妈妈的孩子的痛苦和无奈，他不懂得成人的世界，更不了解自己为什么与同伴不一样。我很想帮助孩子，于是打通了小彬妈妈的电话。当我了解到妈妈的无奈时，想到了让她来看看小彬。

小彬很想见妈妈，见到妈妈后却又沉默不语。妈妈满眼的慈爱，母子俩话不多，好像深深的爱都各自藏在心里。小彬妈妈说，因为在带孩子方面跟爸爸的观念很不一样，产生很大的分歧，奶奶又是矛盾爆发的催化剂，最后小彬妈妈选择了离开。小彬妈妈带来了五支带着清香的润手霜，我放在班级里给同学们用。那时候正是冬天，爱美的女同学都会挤点润手霜涂手，有的还特意走到小彬跟前道谢。小彬每次都不好意思地笑笑，好像那香气就是母爱的味道，给人带来一丝的暖意。

（二）儿子眼里的爸爸

每次问起小彬他爸爸的情况，小彬总是一副很嫌弃的样子，说爸爸经常抽烟，很讨厌。他在《我的烟鬼老爸》的作文中就这样写道："我的老爸，总是喜欢抽烟，本来就容易咳嗽的我，被他熏得更是难受，我再也忍不住了，偷偷地把他的烟丢到垃圾桶。被爸爸知道后，我的悲惨的结局跟阿廖沙被外祖父毒打一样。"小彬说爸爸失业没有工作，很懒惰。问起小彬他妈妈的情况，他说奶奶因为妈妈的离开而非常恼怒，不让妈妈见他。孩子需要被爱滋养，爸爸爱妈妈，妈妈爱爸爸，其乐融融温馨有爱的家庭氛围，是孩子成长最重要的养分。小彬却得不到来自父母的爱，所以很难过。

小彬的爸爸很重视孩子的学习，每次家长会，他都是第一个到教室。我跟他聊起小彬的事情。就离婚的事情，小彬爸爸表示已经坦诚地和孩子谈过，孩子变得很反叛，总是不听从自己的教育。在学校，小彬学习非常刻苦，每次上课，都坐得端端正正，眼睛盯着老师，认真倾听老师的每一句话。我感觉他是全盘吸收，没有任何落下的知识点。每次做题，他右手郑重地拿起笔，左手按压在本子上面，每个字都像是打印机打印出来一样端正，每一道题目都是一丝不苟地完成。小彬认真学习的样子，跟他作文中爸爸的样子仿佛是两个相反的人物。小彬好像想要通过刻苦学习，来证明自己"出污泥而不染"的高贵情操。

（三）奶奶眼里的孙子

有一次，小彬奶奶早上跟着小彬一起来到教室，怒气冲冲地说："罗老师，请你帮我罚小彬，他在家非常懒，让他收衣服、叠衣服都不干，什么家务活都不做，你给我狠狠地罚他……"没想到在学校这么自觉的小彬，在家这么让奶奶操心。我跟小彬的奶奶说，孩子大了，不可以总是批评，要跟他讲道理。有一次，小彬在作文《唠叨的奶奶》中写道："我的奶奶每天就像唐僧念经一样，只要她一出现在我的面前，没完没了的唠叨就开始了，我的头开始疼，好像被什么勒住，越来越紧……"

小彬奶奶回家后，我就和小彬谈了做家务的事情。他理直气壮地说："我要学习，每次回家写完作业，洗漱完就没有更多时间了。"我点了点头，说："嗯，小彬是个学习非常认真的孩子，这一点罗老师从来都不怀疑。学习固然重要，但是生活能力也很重要的，多做家务活，有利于锻炼我们的动手能力。何况你的奶奶已经上了年纪，太过劳累会受不了的。你能不能每天承担一部分的家务活？这应该不会影响学习。"听我说得在理，他不好意思地点了点头，说："罗老师说得对，我每天收叠衣服和洗碗吧。"

后来有一次我在学校门口值日，小彬奶奶看见我，笑着说："罗老师，还是你有办法教小孩，现在小彬在家每天都干家务活，我舒服多了，太感谢你了。"小彬努力学习，获得了很大的成就感。从小彬妈妈的朋友圈里我发现，她经常会去看孩子。小彬爸爸也经常发朋友圈晒自己的儿子。如今的小彬和好朋友小熹在广东省东莞中学上高中了。

第二节 "慧"赏识，巧沟通

一、巧妙沟通，打开心扉

我们都知道，三角形具有结构稳定性，这个原理运用到沟通上会有意想不到的效果。三角角色沟通好了，可以化解很多矛盾。

（一）一个节目的启发

我们老师经常会约见家长聊学生的问题，通常都是老师和家长聊得热火朝天，学生却是一副挨批评的样子，低头不语。其实有时候想想，我们是不是更应该听听孩子的想法？有一个节目叫《锵锵三人行》，是凤凰卫视出品的著名谈话类节目，由窦文涛主持。节目中众人各抒己见，一派"多少天下事，尽付笑谈中"的情致。

我也喜欢这样"三角"式的聊天模式，家长和老师为了达到帮助孩子的目的，孩子为了达到成长的需要，各自真心诚意地聊一聊，会收到意想不到的效果。

（二）一位孩子的苦恼

小泽是我班里的学生。小泽爸爸经常跟我反映说孩子在家不好教，才四年级就很叛逆，对家人，特别是奶奶没有礼貌，对弟弟也不够友好。听了小泽爸爸的描述，我觉得很意外，因为小泽在学校的表现和家里刚好相反，对老师很有礼貌，当值日组长认真负责，不怕脏不怕累。

为了帮助小泽改正在家的坏习惯，我约见了小泽爸爸到学校跟孩子一起谈话。开始跟小泽说约见的事情时，他表示很害怕，以为老师见家长都是投诉的"杀手锏"。我跟他说，老师是想帮助他，有什么心里话也可以说出来，这样才可以让老师和爸爸了解事情的原因，更好地找到解决问题的办法。小泽听了我的话，感觉比较放心，同意了约见的事情。

（三）一位爸爸的醒悟

约见当天，小泽爸爸平静地说了小泽在家的表现。谈话中，我了解到小泽的爸爸和妈妈都是医生，工作比较忙，年迈的奶奶帮忙带一岁多的弟弟。我就小泽爸爸的讲述问了小泽的想法。"弟弟的出生是不是给你带来一些烦恼？"我首先问。小泽说："弟弟经常到我房间乱搞东西，影响了我的学习。有时候在我的书上、试卷上乱涂乱画。还把我喜欢的玩具弄坏了。"小泽爸爸总是以弟弟小为由，要求小泽让着弟弟，没有理解他的感受。我提议说："能不能把小泽的东西用专门的柜子锁起来，平时，把房间门关上。他也需要有自己的空间，不想被打扰。"小泽听了，感觉很赞同。小泽爸爸表示会试一试。

小泽爸爸说，小泽不尊重奶奶，经常跟奶奶发脾气。小泽委屈地说："奶奶讲家乡话，语速很快，我经常听不懂，声音又很大，经常让人很烦。"小泽爸爸以奶奶年纪大，带弟弟辛苦为由，强行让一个9岁的孩子去理解奶奶还是不太可能的。我建议小泽爸爸多抽空跟孩子沟通，理解孩子，常用引导性语言跟孩子说话，而不要一味地指责和要求。小泽见爸爸开始理解他，老师关心他，表示自己也会尽力做得更好。

后来再跟小泽爸爸沟通，他说孩子比以前懂事了，跟孩子的关系没以前那么紧张了。疫情期间，我让家长跟孩子一起演课文剧，小泽跟爸爸演了《军神》一课，爸爸当沃克医生，小泽演刘伯承，这两父子演得还很投入。

二、随时跟踪，寻得良药

每个班，总有那么几个特别的孩子，他们贪玩，却心地善良；他们落后，却很渴望进步；他们遭人嫌弃，却又想交很多朋友。

（一）行为异常的小轩

小轩是个行为有点儿异常的孩子，跟他说话时，他的目光是躲闪的。他身上还会有一股很刺鼻的尿骚味。平时课间，他的手里永远拿着不知从哪里捡来的小东西。上课的时候，他喜欢跪在凳子上到处看"风景"。最让我惊讶的是，他居然可以拿着一个矿泉水瓶，徒手把蜜蜂抓进瓶子里。

对于这样的孩子，班里的其他孩子是排斥的。我刚接班时，他闹出很多事情，于是，我变成了"侦探"。有一位女生跟我说，她刚拿到的新校服不见了。我就问全班孩子，有没有看见这位女生的校服。有一个孩子说："老师，我抽屉里有一条校服裤子。"我又问："衣服呢？"没人知道。我纳闷，这娃不是偷新校服穿，为什么要这样藏？我让大家帮忙找找。第三节课，那位女生告诉我说，衣服在班级的书柜下面。

过了两天，又一位女生跟我说，她的钱包不见了。我到班里后，另一个女生跟我说，在垃圾桶旁边看见了钱包，里面的钱居然没有少。我问班里的孩子："我们班以前有人偷东西吗？"大家异口同声地说："小轩！"为了进一步了解孩子的情况，我约见了小轩的爸爸。

（二）感到无奈的爸爸

见到小轩爸爸后，他表示了解孩子的在校表现。他说，一二年级时，小轩还会在上课时走出座位，在地上乱爬，现在拿同学东西，已经是见怪不怪的事情了。我问他，孩子为什么会这样。他说他也不知道，孩子从小就这样，自己也很无奈。

有一次，小轩不知道从哪里捡来一颗类似石灰的东西，还弄到了眼睛里面。我非常担心，赶紧带着他去洗眼睛。洗过后他的眼睛还是睁不开，我赶紧把小轩的爸爸请来了，爸爸立即带他去了医院，幸好没什么大问题。我和他爸爸就这件事情教育了小轩。我要求他不能再捡地上的东西玩，发现了就要惩罚他。我经常跟小轩爸爸沟通，及时了解孩子的情况，时刻提醒小轩注意安全。

（三）无计可施的妈妈

跟小轩爸爸多次沟通后，我觉得作用不大，他的学习态度还是很差，经常不写作业或者马虎完成。于是我约见了小轩的妈妈。小轩妈妈是一个很严肃的人，她说在家自己也严格教育孩子。说到激动时，小轩妈妈扭住小轩的耳朵，没想到，小轩往妈妈的身上吐了一口唾沫。妈妈非常恼怒，想动手打小轩，我赶紧拉住她的手。小轩也怒视着妈妈，像一头准备战斗的狮子一样。

看着无计可施的妈妈，我很感慨：生一个这样的"牛娃"，日子还真难过。教了小轩两年，我先后约见了家长六次，跟踪式与家长沟通，及时了解和处理小轩有可能发生的种种意外，有效地避免了很多更棘手的事情发生。很多时候，打"预防针"胜于重大疾病的治疗，跟踪式沟通非常管用。

为了更好地教育小轩，我请了学校外聘的专业心理老师彭老师对小轩做引导工作。她的谈话记录写着：吃瓜子，翻妈妈包找糖吃，翻办公室柜子找到瓶装水自顾自地喝了起来……将办公室的布偶扔向彭老师，随意翻动办公室的物品，没有好好地静坐一分钟，瓜子壳、糖包装纸随意乱扔，无端地发笑……家长认为孩子就是好动而已，没什么问题，孩子长大了自然会好的。

小轩毕业后，有时候过年会给我发祝福语，我总是相信：友善会换来孩子的喜爱。

三、约谈家长，深入了解

家访，我称之为"过桥式"沟通。如果通过"三角式"和"跟踪式"沟通，教育孩子没有达到预期效果的时候，我会采用这种方式跟家长、孩子沟通，取得的效果还是比较明显的。

（一）异样的兄弟

刚接403班时，我第一时间就跟原班主任钟老师了解情况，她跟我提起"达哥"的种种"好事"。说他从一年级开始，语文就不及格。教英语的吴老师说"达哥"有一个非常聪明的哥哥，跟吴老师的儿子小学一个班，现在在大学读医学专业。这位"达哥"是个笨孩子，还是个聪明人？一年级语文就不及格，说明学习能力可能有问题；哥哥读医学专业，证明遗传基因应该很不错。

通过一两个月的观察和了解，我发现"达哥"智力完全没有问题。这个孩子三年以来，根本不知道学习是什么，一直是"离线"状态。他妈妈说自己夫妻俩没办法教育他，就让他每天放学去外面补习班完成作业再回家。所谓的"完成作业"，都是抄写答案上去，字倒是写得很端正。

小达是个非常贪玩的孩子，每次跟他谈话，他都是一副笑嘻嘻的样子，谈的什么根本没记住，状态就像幼儿园的孩子。为了应付作业，小达使用手机软件来"帮忙"。小达父母说，现在学校教的知识很难，自己根本不会教。小达告诉父母说手机可以帮他写作业，所以每次都能顺利地拿手机抄答案。

开始，我也不了解可以帮写作业的软件。小达非常"专业"地向我介绍，只要用手机扫描作业题目，答案马上出来，还有多个版本任人挑选，真的比老师讲得还要详细。就这样，小达可以非常及时地完成各科作业。他跟班里的小轩最要好，一下课，俩人就不见踪影了。班级的孩子有时向我汇报说，小轩和小达一起去捉蜜蜂了；有时说，他们一起去欺负比自己小的孩子；有时又说，他们不知道躲到哪里去了。在学校，小达上课不知所云，下课"寻欢作乐"；放学回家，小达"高效"完成作业，之后不是玩手机游戏，就是找爱玩的伙伴疯玩。父母做生意管不了他，也没有办法管。

小达满脑子就是"玩"，完全不知道学习是什么。

（二）"戒毒"的开始

我通过多种方法教育小达，没有任何效果，如何唤醒小达学习的意识呢？我告诉小达父母不要再让他上课后补习班，放学回家写作业，也断绝了手机软件的帮助，尽孩子的能力完成作业，父母也要尽力抽空帮助孩子。

从此，作业就成了小达痛苦的来源，他看作业就像看天书一样，真是狐狸抓刺猬——无从下手。为了唤醒在学习上沉睡多年的小达，我走进了他的家，深入了解他的家庭状况。

（三）醒悟的飞跃

一天下午放学的时候，我跟着小达妈妈来到了他们的家。我希望通过家访，可以了解到小达在家的学习和生活情况，从而更有针对性地进行思想教育。小达家里物品摆放比较整齐，看得出家长比较干净。走进小达的房间，我看见有很多书。小达爸爸还把我要求买的书都拿出来给我看，一脸不高兴地说："老师要求看的书，我都买了，这孩子看几眼就丢一边不看了。"小达吐了吐舌头，又是一副笑嘻嘻的样子。

不爱看书，是小达不爱学习的根源。他爸爸说："罗老师，我们不知道孩子爱看什么书，这些全是字的书，他就是看不进去，你能不能帮忙买些有趣一点儿的书给他看，我给你钱。"我问小达爱看什么书，他说："小轩的漫画书很好看，可是爸爸不让我看。"我说："小达爸爸，有些漫画书还是不错的，这样吧，我儿子有些讲科学知识的漫画书，我拿给小达看看，如果他喜欢，你就买给他看好吗？"小达爸爸非常感激，连忙说："好啊，只要他看，多少钱我都买给他。"

第二天，我拿了《名人学校》和《寻宝记》两本漫画书给小达看。他非常喜欢，他爸爸全都买了给他。从那时起，小达爱上看书了。我督促他不能看不良读物，要罗老师推荐的才能看，他还算比较听话。久而久之，小达有了阅读习惯，写作业不再那么困难了。加上父母的帮助，小达渐渐步入学习的轨道。家访后，小达跟我更亲近了，有什么事都喜欢找我问，上课他也能举手回答问题。我安排了"学霸"小锋当小达的师傅，在他自身的努力和同伴的帮助下，小达五年级期末取得了比较好的成绩。

第三节 "慧"赏识，寻同伴

一、团队帮助，振奋人心

一个人虽然走得快，但一群人走得更远。团队的力量是强大的，我们班主任要让每一个孩子都加入团队，让他们感受到其中的温暖，学会互助，懂得感恩。

（一）自卑的孩子

小淇是一个瘦小的女孩子，说话声音很小，耳朵凑近她跟前才听得见她说什么。胆子小的小淇特别自卑，戴着一副黑框眼镜，从来不会正眼看人，好像怕有什么东西伤害她似的。小淇有一个毛病——偷东西。有一次，她偷了组员小宁的90多元钱。

开始，小宁发现自己的钱不见了，非常慌张和生气。她带着哭腔跟我说："罗老师，我不见了90多元。如果被我妈知道就惨了，她警告我不能带钱到学校，就是怕丢，现在果真如她说的不见了，到底是谁这么坏，竟敢偷我的钱？"看见小宁咬牙切齿的样子，好像要吃了偷钱的人一般，小淇坐在位置上一动不动，也许她已经预料到自己快要大难临头了。

"果然是她！"只听小宁突然大叫，还用力拍桌子，教室一下子变得吵闹起来，同学们凑过来看，只见小宁用食指指着小淇的鼻子大声嚷嚷。小淇躲闪的目光变得坚定，说："不是我偷的，不知道谁放这里的。""还敢抵赖，信不信我打你？"说着，小宁就扬起手。我制止了小宁，说："谁敢打人？我们想办法解决问题才是正道。"我单独找了小淇，告诉她："再不承认，就没有小组愿意让你加入了。以后也没有人敢跟你做朋友。"小淇听了觉得有理就点了点头。我让她回家写说明书给我。她把钱都还给小宁了，并给她写了道歉信。

（二）有爱的团队

我们班以4人为一组，组成12个小团队，在小组长的带领下，小组内分工合作，互助互爱。小组长的能力最强，每个小组里有一个需要帮助的成员。小淇原来在第八小组，组长小诗是一个非常有爱心的女孩，非常乐意帮助小淇。还有小淇最要好的朋友小燕，俩人虽然会说些悄悄话，但组长管得严，一般都能认真上课。小宁也是第八小组的成员，她是个非常阳光活泼的孩子，说话大大咧咧的，给小组增添了不少活力。

"偷钱"事件发生后，小组成员都排斥小淇。我给小淇换到了小泳的小组里。小泳是个非常善良的孩子，小淇在一篇半命名作文"他（她）鼓励了我"中写道："我以前不认识她，现在我跟她坐在一起，真是很幸运，她是我见过的最好的人。"文章写了小泳鼓励小淇认真学习，还帮助她改正错题。她们的性格非常相似，都是沉默不语的人，个子也一样高，就像一对姐妹。最可贵的是小泳没有因为自己成绩好、能力强而看不起小淇，经常给她鼓励和帮助。倔强的小淇表面软弱，其实不喜欢别人欺负她，所以用偷窃的行为来报复对方。小组的其他两个成员小豪和小彬对小淇也很友好。小淇换小组后，再也没有发生偷窃的事情。

（三）美丽的转身

小淇其实是一个非常追求进步的孩子，可能是因为学习方法不科学，基础比较薄弱，所以成绩一直都处于中下。这让她觉得自己比别人差，很自卑。

在小组成员的鼓励和帮助下，小淇变得越来越努力学习。每次听写完了，她都非常认真地订正错误，就算是下课，也顾不上休息。以前小淇背书都是最后一个完成的，或者是压根背不出来，但现在她非常积极地背书。经过不断的背诵练习，小淇的记忆力也比以前好了很多。小组成员跟她一起背书，消除了她的恐惧心理。有时候她背不好的地方，组员还帮助她反复练习。

小淇变得自信了，变得好学了，变得快乐了。这美丽的转身，是小组这个温暖的大家庭促成的。一个人奋斗很难，因为背后没有力量的支持，一个团体起到的作用真是不可估量。

二、师傅引导，心满意足

低年级的孩子爱哭鼻子是正常的，但是在高年级，也有个别孩子容易冲动哭闹，如何引导他们管理好自己的情绪呢？寻找师傅的帮助是一个很不错的方法。

（一）直率的孩子

小宁是一个比较直率的孩子，很容易哭鼻子，遇到不顺心的事或者是被老师批评，被同学笑话，就会痛哭。她个子很高，与她这小孩子的行为极其不协调。有一次我批评她说："你不要转身跟后面的男生说话。"她的情绪马上就来了，带着哭腔说："是他问我问题，我转身告诉他，这不是我的错……"还用手使劲拍桌子，哭喊的场面非常尴尬。

其他女生觉得小宁非常可怜，就跑过去安慰她。可越是安慰，她哭得越大声。我让组长过去安慰她，示意其他的人走开，让她冷静一下。

（二）成熟的师傅

小诗是第八组的组长，是个非常成熟懂事的女孩子。在她带领下，每个组员都能按时完成作业，上课认真倾听，没有被批评扣分，还努力找工作为小组加分，小组经常获得很高的分数。

有一次，第八组拿到了期末最高奖学金，组长小诗买了好吃的紫菜奖励组员。热情的小宁拿了一包递给我说："罗老师，我们小组请你吃紫菜。"我疑惑地问："哪里来的紫菜？""我们组长买的，她对我们可好了，有好吃的总是给我们带一点。"小宁有什么事情都会跑过来跟我讲，好像不说出来，憋在肚子里不舒服。小宁告诉我，小诗平时会耐心地给她讲解错题，提醒组员要认真做好本职工作。优秀的团队强调的是优势互补，相互协作，产生良好的化学反应，而不一定要求每个人都是最优秀的。如果团队成员之间没有良好的化学反应，即使这个团队的成员个个都是英雄，也难以成就大业。管理者要重视打造团队之间的团结协作。身为管理者，应当想办法把每个成员都融入团队，并且让组员之间默契地配合，这样的团队才能所向披靡。

（三）工作的魅力

为了给小组争分，小宁非常努力找工作。开始她有一份收说明书的工作，后来她申请得到跟着组长一起帮老师擦桌子的工作。小宁还经常问我说："老师，有什么工作可以让我做吗？我很想多找几份工作，给小组争更多的分。"在工作过程当中，她也得到了同学们的肯定。例如：她非常准时快速地把作业搬到办公室，我在班里表扬她的时候，同学们都给予她鼓励的掌声。这无疑增强了她的自信，让她感觉到自己非常有价值，感觉自己原来这么能干，爱哭的毛病也好了很多。

以前，大家总是习惯以成绩来判断一个孩子的价值，如今在班级里努力工作，一样可以找到成就感，孩子们的动手做事能力也得到了锻炼。

三、知心朋友，真心实意

品行不好的孩子总会被人嫌弃，所以他们特别想得到同学的关注，渴望有人愿意跟他做朋友。班主任要多鼓励他们，重视他们。

（一）说谎的孩子

小艾是一个被娇生惯养的女孩子，经常犯一些错误，引起同学们的反感。例如：她很喜欢打男孩子，之后还不承认；也喜欢拿同学的东西，而且还不愿意还。

小艾爸爸是开饭店的，收银台里有很多钱。有一次，小艾趁大人不注意偷偷拿了300元钱。后来爸爸发现了，来到学校跟我说了这件事情，请教我如何教育孩子。对一个这么爱说谎的孩子，我们如何去教育她呢？对比家长和老师，有时候孩子更愿意听从同伴的劝说，因为是同辈，相对没有压力。

（二）知心的朋友

班里的大部分孩子都不喜欢小艾，因为她有各种不良行为，特别是偷东西这一点最可怕。我们班的小璐同学是一个善良文静又有爱心的孩子，她承担了班里的很多工作。我让她当小艾的师傅。小艾非常喜欢小璐，因为她为人和蔼可亲，小艾觉得跟她在一起非常舒服，没有压力，也没有被嫌弃。

慢慢地，小艾和小璐成了知心好朋友。小艾为人比较大方，有好吃的都会给小璐一份。有一次，班里举行演课文剧比赛，小艾加入小璐的小组。她们演的是《草船借箭》，小璐演诸葛亮，小艾演周瑜。小艾表演得非常投入，仿佛置身于三国时代。小艾说自己在表演中找到了阅读名著的兴趣，学习语文也比以前积极了。

（三）特长的发挥

以前的小艾为了掩盖自己的过错，想尽办法找借口，其实这孩子的思辨能力是很强的，口头表达能力也很强。我建议小艾妈妈让她参加演讲培训。小艾非常喜欢。每次班里举行辩论赛，我都让她当主辩手。

口齿伶俐的小艾找到了自己的特长，特别自信。有一次，小艾代表学校参加区里的辩论赛，得到了小艾父母的重视。小艾有时候训练到很晚，妈妈也能耐心地等待孩子放学，回家的路上会问孩子训练的过程。比赛当天，小艾穿着神气的衣服，跟着带队老师"出征"了。这次比赛后，小艾像变了一个人似的，做事积极主动，以前的毛病都"失踪"了。小艾的活泼也带给小璐很多活力，两个孩子相互影响着，进步着……

第四节 "慧"赏识，显价值

一、优币，获得认可

我在当学生的时候特别渴望可以工作，因为有收入了，可以买自己想买的东西。所以我在我们班实行了优币奖励的方法，孩子们得到优币后就可以买自己想要的物品。为了在一个月一次的拍卖会上能出高价买到自己想得到的东西，孩子们非常努力地找工作，积极参与工作。

（一）持证上岗

我们班每个孩子都有一个"工作证"，贴在语文书上，而且每个孩子都至少有一份工作，假如没有，就要努力去找工作。因为没有工作，组长和成员们会督促他找工作。孩子们都是"持证上岗",有这方面能力的人才可以做相应的工作,如果没有就要请师傅指导,直到有这方面工作能力才能上岗工作。每次获得工作之后,都有一个星期的试用期,一个星期之后能担任工作才可以上岗。

为了自己的小组成员也能多找几份工作,小棋培训小宁跟她一起管理早读。她站在讲台上领导,小宁就负责管理纪律。刚开始,小宁在教室里来回巡视,累了自己,还没有管理好同学们早读。小棋就教小宁跟她一起站在讲台,发现谁不认真就请他站起来,把认真早读的学生名单写在黑板上。经过不断的实践和方法的改进,小宁管理早读这份工作越做越熟练了。一个星期后,小宁得到了同学们的认可,正式担任早读管理工作。

(二)多劳多得

每个孩子的能力和积极性不一样。一般工作越多,得到的优币越多,给小组加的分就越多。我们班的所有孩子都非常积极工作,谁的工作多,谁的奖励就多,这就是所谓的多劳多得。

小棋的工作证上有四份工作,分别是值日组长、四人小组长、语文领读员和领操员。她每天忙得不亦乐乎。到星期五统计优币的时候,她至少可以得到 10 个币,如果平时表现好,例如,认真早读,出操做到安全、安静、快速,她将会各得一个优币的奖励。小棋和她的小组经常能拿到最多的优币,同学们心服口服。

(三)小组比拼

竞赛可以使人不断进步,但过多的比较可能会令孩子们失去工作的初心——"人人为我,我为人人"。我们班实施小组比拼,不是个人的竞争,需要团体的合作互助。每个成员在工作和进步方面拿到的优币都会放到自己小组的储币罐里面,一周统计一次。

每周一,是我们班最热闹的时候,每个小组的组长拿着钥匙,打开自己小组的储币罐,里面有四种颜色的优币,组长和组员一起数一数各有多少个,把数目写在黑板上,最后统计总数量。前三名的小组可以得到文具的奖励,累积到月末拍卖。有了小组比拼,组长特别积极,好像是一家之主,每个组员的不良行为都会受到组长的监督。组员之间互相帮助,哪个没有工作,哪个没有上交作业，哪一个违反记录被扣分，都会受到其他组员的指责。有了小组的言论压力，大部分孩子都能做好自我管理。

二、掌声，积极参与

对于身体有缺陷的孩子，老师会特别关照，怕孩子的身心受到伤害，但过多的包容和放纵，会助长孩子的不良行为，应该引起注意。小彦就是一个非常特殊的男孩子。

（一）我行我素的孩子

因为听力不好，小彦平时需要戴助听器，跟别人沟通也不是很顺畅，所以孩子们都不怎么跟他玩。而且他的助听器非常贵，要几万块，同学们怕跟他玩的时候碰坏助听器。因为有听力方面的缺陷，小彦的家人对他百般忍让，使得他非常任性，经常我行我素。

小彦上课的时候不认真听讲，喜欢干什么就干什么，有时拿一些纸来折叠一个个小东西，然后把它们串起来变成一把剑；有时候在本子画满一些小人物和小房子，好像他就生活在自己的世界里；有时候用笔刺同学的后背。各种恶搞，大家都避而远之。

下课，小彦就跟爱玩游戏的小杨一起，每次都要等上课铃响了才上洗手间，回到教室已经迟到。小彦妈妈说，小彦最怕被罚在家反思。有一次，小彦妈妈得知孩子在学校的毛病后，警告小彦说，再不改正就要停学回家。当天晚上6点多，小彦妈妈打电话给我说，小彦还没有回家。我跟小彦的父母找了一个小时。后来，小彦自己跑回了家。

（二）真心诚意的掌声

我们班经常会举行一些体验活动。有一次，我们玩"瞎子背瘸子"的游戏，目的是增强孩子们的互助意识和合作能力。小彦跟小杨是好朋友，所以他们组成了一对。我刚说"开始"，小彦就背着小杨快速地往前走，跨过障碍物，速度非常快，就像一阵风，顺利到达终点。这时，同学们不约而同地为他们鼓掌。男同学们都因为小彦给自己争到了面子，纷纷称赞他。一向调皮捣蛋的小彦，一下子变得很兴奋，感觉自己就像是一个奥运冠军一样，非常骄傲自豪。

从这以后，小彦每次参加班级活动都表现得特别积极。平时不专心上课的他，也开始留意课堂了。一些简单的问题，他还会举手，每次说对，我都让孩子们给他鼓励。期末考试，小彦考了83分，比上一次进步了13分。我给他发了奖学金和奖状，他特别开心。放寒假前，他跑过来跟我说："罗老师，我放假去补课。"听到我的夸奖，他非常开心。

（三）持之以恒的爸爸

刚接触小彦的时候，我就积极跟他的父母沟通，发现小彦特别听爸爸的话。有一次，我约了小彦的父母在公园见面。在轻松的环境中，小彦没有因为老师的到来而感觉到压力。小彦的爸爸非常有耐心，说起小彦小时候的事情，自责自己没有从小给孩子养成良好的学习习惯，表示今后会重视。除了学习，小彦爸爸经常带孩子去运动，爬山是他们的最爱，每周坚持。

这次见面后，小彦爸爸每天都通过微信问我小彦的在校表现。小彦并没有马上变得很好，每天都有各种小问题出现。每次我跟小彦爸爸反映问题，他都会在当天晚上教育孩子，第二天孩子就会有好转。有一次，我跟小彦爸爸说小彦的作业没认真写，晚上的时候小彦爸爸就立刻让孩子重新写一次，拍照发给我。就这样，在老师和父母的督促下，小彦慢慢养成了良好的学习习惯。教育如果仅仅靠老师，对一些孩子来说作用是不大的，必须要家长的高度重视和配合。家校合力的作用是巨大的。

三、肯定，促使进步

小乐是一个文静的孩子，很少跟老师讲话。接班后，班里的孩子我差不多都认识了，但还不太了解小乐是一个怎样的孩子。

（一）一位爸爸的智慧

小乐爸爸非常重视孩子的学习，班级的活动都积极参加。有一次我布置了演课文剧的作业，本来是要求孩子们分角色演，但因为疫情，线上授课，就让孩子跟家长们合作演。小乐和父母演《草船借箭》，服饰道具都用上了，一家三口演得非常投入。视频发到班群里，赢得大家的好评。大队干部竞选也是在网上进行，小乐爸爸还引导孩子写好自我介绍和自荐稿参加竞选。

四年级的时候，学校给学生举办"成长礼"的活动。为了让孩子们领悟自己成长的意义，小乐爸爸跟班里的家委们在校外也给孩子们举办了一场隆重的典礼。典礼上，孩子们通过仪式深刻地感受到自己成长的神圣和喜悦，通过"感恩"父母，感知生命的可贵、父母的艰辛；通过亲子游戏，体验到爸爸妈妈的关心疼爱。老师们收到正式的邀请函后，都录制了视频祝福，给孩子们送去真诚的期望。这一切的安排，都是小乐爸爸——精心策划。这就是言传身教胜于一切说教。小乐从爸爸身上看到了智慧，看到了勇气。

（二）一位孩子的进步

经过一系列活动的锻炼，小乐变得勇敢、自信。她担任语文课代表一职，工作认真负责，催促每一个组长按时上交作业，登记好没有上交作业的学生名字。以前不上交作业的孩子，看课代表这么认真，也都不敢怠慢。小乐很少在课堂上举手发言，我便让她加入学校的广播站锻炼自己。小乐爸爸每次都帮助孩子准备好发言稿，使得小乐每次都讲得非常流利。

因为是班里的语文课代表，小乐学习语文更加认真。2020年9月，小乐参加学校举行的规范汉字书写比赛，获得一等奖的好成绩。2020年1月，小乐参加并通过青少年语言表演艺术测评三级。2020年9月，小乐获得中外作家网"文学之星"的称号。

（三）一群孩子的肯定

以前孩子们总是认为老师因为小乐爸爸是班里的家委而偏爱她，如今，他们看见小乐的进步，打心底里佩服她、拥护她。期末评选优秀班干部的时候，同学们都把票投给了小乐，大家都认为小乐做事情认真负责。小乐的成绩进步显著，连一向傲气十足的小瑜都经常找小乐玩。

有一次，班里举行"才艺表演"的庆元旦活动，大家一致推选小乐担任主持人。小乐一一记录同学们自报的表演清单，回家整理后，写了精彩的主持稿，让整个活动进行得非常有序。小乐妈妈还帮忙拍照发到班级群，家长们纷纷点赞。

鼓励、赏识让孩子们更加自信，让掌声响起来，真心诚意的言语激励着孩子们的进步。

第七章

家校"慧"合作：凝聚最大的教育合力

第一节 家校合作，教育的永恒话题

一、国际视野下的家校合作

家校合作指家校以良好沟通为前提，使学生受到家校双方合力教育，形成多种必要素质，更好地实现学生的社会化。家校合作已经成为当今许多国家教育改革与发展的一个重要内容。我国家校合作研究专家马忠虎认为，家校合作是指对学生最具影响的两个社会机构——家庭和学校之间形成合力对学生进行教育，使学校在教育学生的同时也得到更多来自家庭方面的支持，而家长在教育子女时也能得到更多来自学校方面的指导。

著名教育家苏霍姆林斯基曾把儿童比作一块大理石。他说，把这块大理石雕刻成一座雕像，需要六位雕塑家：家庭、学校、儿童所在的集体、儿童本人、书籍、偶然出现的因素。从排列顺序来看，家庭位于首位，可见家庭在塑造儿童过程中起着非常重要的作用。家庭教育从孩子出生之日起就担负着重要的任务，随着社会进步和社会结构的复杂化，家庭教育承担着学校教育、社会教育不可代替的作用。

二、家庭教育的重要性

（一）原生家庭是孩子的起跑线

我们总是听很多人说，人生不能输在起跑线上，然而很少有人知道起跑线究竟是什么。原生家庭就是孩子的起跑线，先是决定了孩子的起点，又影响了孩子的终点。

（二）家庭教育是孩子的成长土壤

家庭教育是孩子成长的土壤，父母为孩子提供了什么样的土壤，孩子就会成长成什么样。一个好父亲胜过100个好校长，一个好妈妈胜过100个好老师。家庭是教育的终身学校，父母是孩子的终身老师。孩子的教育问题是每个家庭的重中之重。因此家长没有权利缺席孩子的教育。

父母缺席就意味着——缺失了了解孩子成长的机会；缺失了教育孩子的宝贵机会；缺失了与孩子一起成长的机会。

（三）家庭教育是优化孩子心灵的催化剂

2007年，日本人三浦展指出：父母的生活习惯影响孩子的学习成绩。父母能做的就是改善孩子的生活习惯。如果孩子在家庭生活中没有成为"三好学生"（身体好、性格好、生活习惯好），就很可能成为学校的"差生"。很多家长在育儿的过程中充满了焦虑，在孩子成长的每一个阶段，都想尽各种办法让孩子进入一所好学校，让孩子享受更加丰富的教育资源，以为这样就可以更好地提升孩子的学力。但相关的调查数据显示，学校资源并没有像家长所期待的那样，对学生的学力产生显著影响。学力测试排名靠前的，很有可能主要是家庭资源影响的结果。学力并非只由学校决定，家庭资源在很大程度上会影响孩子的学力。

三、我校家庭教育背景

我校学生来源主要是周边社区及花园小区，家庭构成相对复杂，有东莞原住民，如涡岭和岗贝社区的孩子；有环境相对开放的经济合作区开发的楼盘，如涡岭商业街、青龙城、商贸花园、东兴花园、黄旗新村等业主或租户的孩子；有环境相对封闭的花园小区，如东城中心花园、中惠华庭、雍华庭、金泽花园、金月湾花园、新世纪豪园、光大花园、景湖花园、景湖春天等业主的孩子。生源以东城中心花园为圆点，呈辐射状不规则展开。各个学生家庭所处的环境不同，各自的文化背景不同，家庭教育面临的问题也不相同。

东莞原住民家庭，一般家庭条件较好，踏实勤恳，有着东莞人民优良的传统。他们生于斯长于斯，对这片土地有着深厚的感情，熟悉这里的每一寸土地，传承这里的文化风俗。他们对经济发展的认识和对知识与财富的关系的认识有着自己独特的见解,受传统观念影响较大。大多数家长因时代原因,还没有很好地完成学业就走上了工作岗位。他们的学历构成相对较低,但对社会环境的认识能力相对较强,而且有着得天独厚的社会资源。孩子们在这里随时能够找到自己的伙伴和亲友,这使他们在"城市森林"里不会孤单,有着相对轻松的心态,不会面对太大的压力。在孩子教育方面,大多数家庭更多是让孩子们自然发展,不过于强求孩子成绩上的高分。

各花园楼盘业主的孩子来自五湖四海,各自文化背景千差万别,给学校带来的影响也是多层次的。这些家长中大多数具有一技之长,在各自的工作单位中起着重要的作用,对现代社会的发展和人才的需求有着比较清晰的认识。同时,有一部分家长具有较高的学历,对现代教育有较深的了解,能够很好地配合学校完成各种家庭教育任务。

综上所述,我们学校学生的家庭教育存在着以下优势和问题。

优势:我校的学生家庭组成情况相对复杂,形成家庭教育形式丰富、内容广泛的特点。

1. 地域差别带来丰富的教育资源。学生来自全国各地,遍及大江南北,给我们学校带来了丰富的意识形态和各自的文化资源。这是我们的一笔财富。各地的教育方法和教育形式也在这里荟萃。学生在这样的环境中学习,几乎是和来自全国各地人打交道,从中得到了各种知识营养,丰富着自己的人生。

2. 家长丰富的人生经历是孩子们最好的教材。因为这些家长大多背井离乡,他们有着比他人更多的社会磨炼,体会了层次更为丰富的人生挫折与成功。他们丰富的体验是孩子们宝贵的学习资源,也是孩子们的精神财富。

3. 不确定因素带给孩子们不同的教育体验。很多家长的工作不是很稳定,经常有岗位、机遇等不同的选择,所以也给家庭带来很多不确定的因素。在这样的家庭中,每一个成员都必须学会在不确定环境中寻找成功的方法,并具有坚定的理想与信念。

问题:各个家庭的教育情况差别较大,给学校带来指导家庭教育方面的困难,也使得学校教育面临的问题种类繁杂,形成系统的解决问题的方法比较困难。

1. 家长对教育的需求不尽相同,造成形成共同愿景有一定困难。有些家长对孩子的成绩看得非常重,而对孩子其他方面的发展不太关心;有些家长希望自己的孩子在学校能够受到重视;有些家长却不太关心成绩,对孩子的为人处世方面要求比较严格……

2. 家长的知识结构和文化层次不同,造成家庭教育环境的层次不同,影响着孩子的成长。

3. 家庭成员的和谐程度不同形成了不同的问题家庭,也同样影响了孩子的成长。

四、"生拉硬拽"与家长同行

初来东莞,走进一所新的学校,感觉自己年轻了许多,心中充满了渴望与迫不及待。但初来东莞的那几年,我特别不适应这里的环境。现在回想,马上有几个记忆碎片浮现在眼前:

画面一:金秋时节,迎来一个新班。开学第一天,教室门口挤满了家长,他们自顾自地讲着粤语,无视老师的存在。还有的家长穿着睡衣、拖鞋,背上背着孩子,手里牵着宠物,冲着教室大声问:"今天几点放学?我们几点来接?"仿佛是逛菜市场问菜价。

画面二:新接班一周后,召开第一次家长会。为了家长们的方便,我特意选了晚上,并且提前发了邀请函。可是班里居然有11位学生的家长没有到。来了的家长有的也是随意进进出出,在教室里肆无忌惮地打电话、发微信。会议结束后,教室里一片狼藉,桌子歪七扭八,矿泉水瓶子到处都是。

画面三:第一次家访,我去了一个小女孩家里。房间里烟雾缭绕,一群人围在麻将桌前吆五喝六。当我告诉他们我是孩子的老师时,一位中年男人边打麻将边说:"哦,老师啊,哪个孩子的老师?哦,孩子的事他妈管,他妈在楼上。"我还没有走上楼,便听到狂呼怪叫声。走上楼,哇,四个孩子你追我打。孩子妈妈一边抱着一个娃娃哄着睡觉,一边呵斥其他孩子不要吵。我和孩子妈妈交谈孩子的情况。孩子妈妈用生硬的普通话说:"嗨,我没有文化,教不了孩子,孩子他爸忙生意,没时间管,全靠孩子自己了。再说了,女孩子将来找个好老公就行了,像我这样,不愁吃、不愁穿,挺好。"

德国教育家福禄培尔在其《人的教育》一书中说:"学校和生活的一致,家庭生活和学生生活的一致,是儿童时期完善教育的首要和不可少的条件。知识像一株健全的生长旺盛的树,像充满着欢乐和生命意识的一个家庭或一代人一样,是从内部自发地发展起来的……国民的命运,与其说操控在掌权者手中,倒不如说握在母亲手中。"因此,若要教育好学生,必先教育好家长。

家长对孩子的成长负有直接而重大的责任。家长是孩子天然的第一任教师。孩子从家长那里接受最早的启蒙教育。人的一生中会遇到许多老师,只有家长是不可变换的。家长又是世界上任期最长的教师。因此,提高家长素质,提高家庭教育质量,决定着教育的质量,决定着学生的成败。

(一)"戴高帽子"

有些家长忙于生意、应酬,对教育漠不关心,甚至不愿意走进学校,不愿意和老师交流。怎样让家长走进学校、走进教育,是打开提高家长素质大门的钥匙。孩子喜欢表扬,家长亦喜欢被赏识,于是我把"高帽子"送给学生。我说:"老师要选我们班各方面都优秀的和进步大的同学的家长,来我们的课堂和我们一起上课。因为你们是好孩子,所以你们的爸爸妈妈也是好家长。"孩子听了这样的赞美,自然会把"高帽子"再送给家长。于是我邀请的15位家长全部准时走进教室,当然,选取的大多是不重视教育的家长。上课之前我对同学们说:"今天老师邀请来了我们班优秀的家长,他们早已关闭了手机,安静地等待上课呢!爸爸妈妈们给我们做了好榜样,我们用掌声感谢他们!"我发现一些家长赶快关手机;一些家长立刻停止了交头接耳,坐端正。我继续说:"家长们也要看一看,哪些同学是我们班的好孩子。"孩子们坐得更端正了。孩子和家长被戴上了"高帽子",课堂纪律格外好,课上得很顺利。家长们被戴上"高帽子",慢慢地开始和孩子一起读书了,慢慢地关心教育了。

(二)搭建平台

调查中显示,家庭教育中家长最大的疑惑是:不知道教育方法。于是,我召开了家庭教育交流会,请家长带孩子们一起去公园游玩。首先是孩子、家长和老师一起登山,有说有笑,创设一种比较宽松的氛围。接着孩子们表演节目,或朗诵诗歌,或讲故事,或唱歌表演,让家长们看到了孩子们的优点。然后是家庭教育交流,请班里比较重视家庭教育的家长谈自己教育的金点子,例如有家长介绍"如何引导孩子识字""怎样培养孩子单独睡觉""怎样和孩子成为朋友"等等；还有家长给大家推荐《赏识你的孩子》《好父母好家教》等书籍；一些家长谈到了自己教育孩子的困惑，请其他家长支招。其中一位学生的家长，居然不知道班级换了数学老师。其他家长开玩笑地说："你太不关心孩子的教育了，数学老师换了一学期了，你竟不知道。罚你唱一首歌，然后去向数学老师了解一下你孩子的情况。"这位家长不好意思地说："是啊，应该罚，我以后不和他们玩麻将了，得多和孩子在一起，多和老师交流。"活动结束之后，家长们都说受益匪浅，知道了很多教育孩子的好方法，建议我以后多搞这样的活动，多搭建这样的交流平台。这样的活动既提高了家长的教育水平，又增进了学生、家长和老师之间的感情。

（三）激励评优

良好的家庭氛围对学生的健康发展有着深远影响。我请学生给家长打分，评选"好爸爸好妈妈"。评选要求是"两不""两要"，即父母不吵架，不打麻将；要多和孩子游玩、交流，要多和孩子一起读书。凡是被评选为"好爸爸好妈妈"的家长，如果在"家庭教育交流会"或"班刊"上，交流、发表了家教经验的就可以被评为"优秀家长"。经常有学生悄悄地告诉我："老师，昨天我妈妈要去玩麻将，被我管住了，我让她陪我一起看书，她同意了。""老师，我老爸现在不骂我了，我表现好，他就带我去骑单车，我好高兴啊！"也时常会有家长把自己的教子感想写下来发给我，有家长和我反应孩子在家的优秀表现。在学生的督促、老师的鼓励、家长的努力下，我们的"家教金点子"越积越多，"优秀家长"也层出不穷。同时我也感受到了学生在家的温馨幸福，感受到了学生在家的健康快乐，感受到了家长和学生共同成长！

良好的家校合作，对于班主任来说的确不简单。一个班级，几十名学生，后面关系到几十个家庭，近百名家长。每个家庭都有自己的特殊性，每位家长也有不同的需求。采用什么样的方式与各位家长实现有效合作，班主任需要思考切实有效的合作策略，采取灵活多样的合作方式，因势利导，因人而异，以自己的真诚赢得家长的信任，通过交流达成共识，形成教育合力，推动工作良性发展。

在东莞的十几年实践中，我努力吸纳前辈名师的有益经验，虚心向身边的老师们学习、向学生学习，认真总结自己的家校合作的实践经验，博采众长，创建自己的特色。

第二节 "慧"带班，紧握"合伙人"

班集体建设虽然是在班级内部相对独立进行的，但构成班集体的每一个学生个体都生活在不同的家庭背景之中，其品质和行为深受家庭环境的影响。可以说，班级管理是一张"网"，"网"上丝丝相连、线线相牵，细细编织着学生成长的梦想。而班主任是这张网上的一个"结"。这个结，既是沟通师生的桥梁，也是连接家校的纽带。

若是把班级比作企业，班主任是主管，家长是合伙人，学生是员工。作为主管的班主任必须有纵观全局的胸襟。若是把班级比作球队，班主任则是教练，家长是亲友团，学生是球员。作为教练的班主任必须制订好训练计划，同时组织好战略进攻，无论何时，都必须以共同的目标来增进整个团队的归属感和凝聚力。只有相互支持，相互配合，才能相互促进，共同提高，实现共赢。

班主任必须高屋建瓴，全局在胸，积极建立与家长的良好互动关系，并与科任老师构筑起教育的"统一战线"，三位一体，多维度立体式地凝聚教育合力，从而形成教育的整体效应。

一、建特色家委会，拓展德育时空

（一）教育合伙人的组建

我们清醒地意识到：父母是孩子的首任老师，也是孩子的终身老师，是永远不退休的班主任。家庭是社会的一个小细胞，是儿童出生后的第一个环境。孩子成长过程中的大部分时间，其实是在家庭中度过的，孩子的全部生活始终与家庭小集体有密切的联系。孩子的成长首先不能输在家庭教育上，不能输在提高家长的自身素质上，不能输在家庭文化环境的建设上。家长需要与孩子共同成长。每一位家长几乎是在同一起跑线上起跑，关键是看谁能坚持不断地充实自己，谁能坚持学习和把握科学的家庭教育方法，谁就能按家庭教育基本规律教育好孩子。家长需要对家庭教育进行系统的学习和了解，为孩子的健康成长找到最合适的教育方式和方法。在这种社会背景下谈家校合作就显得更加迫切和意义深远。我在班主任工作中，深刻地体会到在抓好班级建设的同时，建立一个良好的班级家长委员会，并充分发挥其教育和管理的辅助功能是十分重要的。

1. 精挑细选，建构创新型家长委员会

要想有效地发挥班级家长委员会的教育辅助功能，成员的选择是关键。虽说家长委员会成员无职无权无待遇，但并不是随便谁都能胜任的。为了使家长委员会能有效地开展、胜任各项工作，我在开学的第一天，就向家长们发放了基本情况调查表。在全面了解家长的工作、职务、学历、家庭成员组成，对孩子的希望，对学校的期待等情况后，我对那些关心孩子成长、有爱心、有能力的热心家长进行专门的家访，引导其入选班级家长委员会，使他们成为班级管理的组织者、倡导者。

家校合作组织结构图表如下：

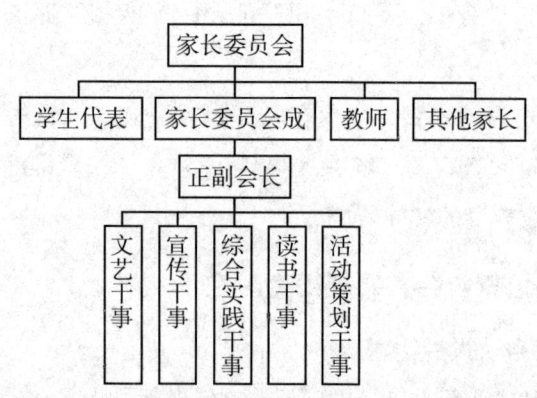

```
              家长委员会
    ┌──────┬──────┬──────┬──────┐
  学生代表  家长委员会成   教师    其他家长
            │
          正副会长
    ┌──────┬──────┬──────┬──────┐
  文艺干事 宣传干事 综合实践干事 读书干事 活动策划干事
```

这一切有赖于班主任转变观念，打破常规，改变工作作风，注重与家委会成员的沟通的艺术，创新班级家委会的运作模式。

2. 班级家委会遴选没有"门槛"，工作却应有要求

在实际工作中，班级家委会成立时，需要我们花些时间，想点法子。班主任如果按标准制定人选，很难服众。更何况，若是刚接手一个新班，对家长群并不了解，尤其有些家长可能工作繁忙，有能力但对班级工作未必有热情，也未必有心倾力投入。相反，有些家长可能没有"头衔"，但是很有热情也有

能力。怎么办？班主任不妨来个"顺水推舟"，让家长"毛遂自荐"。看看我刚接手新班时组织家委会的操作的片段：

2019年9月，我接手一个新班级——四（三）班。经过两周的初步了解，我知道原来的家委会6名成员居住在同一个小区，平常这6个家庭对班主任工作的支持多限于"谏言"而疏于"行动"。我想作些调整，但也不能一接手就"改选"，那样做岂不是对现任班委会的不信任吗？我的做法是：

第一，表示接手这个班很有信心，了解家长们支持前任班主任的工作，希望自己也能得到大家一如既往的支持。

第二，四年级，无论是家庭教育还是学校教育，在陪伴孩子的方式和活动开展都有所不同。四年级全学年需要家长配合开展几项重要活动，并向家长汇报。这些大型亲子活动需要更多家长的支持和配合，需要家长牺牲一定时间和精力协助班级工作。

第三，希望新鲜血液注入，特别希望爸爸参与，也希望有不同小区的家长参与，性别搭配要合理。这样便于班主任更全面地了解信息，方便大家各抒己见，更好地把这个班带好。

第四，公布我的邮箱和QQ号码，并告知家委会申请表电子版放在群里共享，请有意向的家长下载填写后直接发给我。

第五，两周后举行新一届家委会第一次会议，届时根据家长报名的情况及个人意向对各位家长进行大致的分工。

这种形式的"改选"让所有家长看到了新班主任的做事风格，感觉到新班主任让每一位家长都有参与家长委员会的权利。同时班主任也有"要求"，家长委员会成员不仅有"话语权"，也应承担相应的责任。另外，电子信箱和QQ回收申请表，避免了家长面对面的尴尬和矜持。即便没有家长报名，我们也可以单独联系沟通，主动向家长发出邀请，保证新一届家委会组织结构的合理化。如此组建起来的家委会成员心更齐，工作主动性更强。

（二）班主任要有主导意识

为了保证工作的顺利开展，家长委员会每学期需要举行两次例会，学期初和学期末各一次。班主任需要对委员们汇报新学期的工作规划，广泛征求委员们的意见建议，对家委会新学期工作也需要有定位。期末的总结会议必不可少，每位委员以三分钟总结自己的活动和想法、感受、决定。

会议的原则：一方面尊重委员们的意见；另一方面要有主见，班主任对班级发展要有蓝图，有具体的规划，重点是如何向着这个共同的目标把工作做好。

班主任明确定位：所有工作都要为班级发展服务，注重班级特点和特色，注重实效、不攀比，不为形式上的哗众取宠，不为暂时的名利，一切为了学生，认定对的事情坚持做。

班主任要把正确的价值取向传递给家委会。班主任要特别把握好自己的主导身份，这对于年轻班主任而言尤为重要。当家委会成员认为无论是资历还是阅历都高过班主任的时候，如果班主任自身缺少主见，工作缺少明晰的思路的话，很容易被家委会成员"架着走"。教育毕竟是一项专业性很强的工作，学校、班级自有其特殊的专业属性，家委会"越权"，容易让工作偏离轨道。

（三）多与学校沟通，携手共进

家校合作是让爱和陪伴传递，有效的教育需要家校合作，只有家庭与学校密切联系，才能形成更强的教育教学合力。

无数事实证明，凡是在工作中能够得到家长大力支持的班主任，他（她）们有个共同点，就是用自己的人格魅力和工作策略赢得了家长的信任。他们善于根据家长的特点和学生的实际情况，灵活、得当地与家长保持联系，不断地改进工作方法，多种家校沟通方式交叉、灵活使用，让常规工作常抓常新，常抓不懈，凸显务实而求新的工作作风。

二、让家委会成为班主任的代言人

班主任要让家长委员会成员认识到自己的责任：一是主动履行职责；二是做事有担当。这需要班主任转变工作作风，秉承大事协商制度，遇到"麻烦"不绕道走，主动向家委会成员反映，一同寻求最佳解决方案。请记住：班主任务实、求真的工作作风是家校形成合力的重要因素。

我外出培训，由副班主任带班管理班级，孩子们像脱缰的野马，疯狂地玩耍起来。霖和楷两个同学竟然玩起了班里的消毒粉。

• 第七章　家校"慧"合作：凝聚最大的教育合力 •

下午孩子们发现消毒粉末满天飞，顿时炸开了锅，还说闻到了自己的杯子里有消毒粉的气味，回家和家长生动细致地描述，最后变成了班级"投毒"事件。家长们在群里你一言我一语地发表着不同的观点：

家长1：小朋友不知轻重很正常，作为父母也不容易。今晚我已经借这个事情好好教育了自己的小孩。我和很多家长一样很忙，平时没啥情况，很少与小孩交流，借这个机会希望能多角度教育孩子。危机往往也是契机，看我们怎么去面对了。或许，在孩子成长的过程中，除了成绩，还有成绩外的教育要抓，例如，传统美德、善良之心、公德公义等。（正面型家长）

家长2：这件事各位家长要引起重视，一旦发生中毒事件，不单单是相关家长和学生的事，学校也会因此被拖累，正所谓一荣俱荣，一损俱损。所以各位家长要重视此事，杜绝以后再发生类似事情。（担惊受怕型家长）

家长3：听说有几个同学把消毒粉放杯子里了，还好发现及时。我们所有家长要重视并对孩子严厉管教和引导，还好没出人命。（不了解情况瞎说型家长）

家长4：听孩子说，有人往他的杯子里放消毒粉，要毒死我家孩子，哪有这样的凶狠孩子，让他离开我们班，不然我们就转学。（唯恐天下不乱型家长）

当天晚上我和家委会会长加上副班主任紧急召开视频会议，一点点问，一点点查，逐个学生了解情况。第二天召开会议，详细了解当时的情况，事情进展由会长和副班主任发表的观点为准。接下来，就有了会长的发文：

@各位家长，昨天的消毒粉一事今天早上李校和苗苗老师一起进行了事件重演，仔细询问了相关同学，已经弄清楚了！虚惊一场！孩子们都是无心之过，并非恶意为之，请各位家长放心！

事情真相是这样的：早上霖和楷两位同学拿消毒粉做实验，操作间粉末不慎有飞扬、挥洒，加之教室风扇都是开着的，导致粉末飘到了书包柜和某些同学的水杯上。颖浩同学的水杯是其中一个，他发现后，到洗手间冲洗，在擦洗的过程中将杯外的粉末不慎带入杯内，以致杯内产生了气味；文婷同学发现飘洒在书包柜上的粉末后主动去清理收拾，收拾完后经过昊宏同学座位时，摔了一跤，结果手上沾有粉末的纸巾弄到了昊宏同学的水杯表层。事情的详细经过就是这样，大家请放宽心！请务必借此事灌输孩子：哪些行为可为，哪些行

149

为不可为！同时，送给各位家长及同学们中山大学校训：博学，审问，慎思，明辨，笃行。大家共勉、借鉴！

我的留言：童心未泯，无心之过。思考：第一点是哪些事情可为？哪些事情不可为？第二点是承认错误需要勇气，承担责任值得赞扬。第三点是问题发生了，我们如何有效解决，而不是逃避责任。请每一位家长思考。

这件事如果发生在一个比较年轻的班主任所带的班级，年轻班主任肯定一时不知如何处理。所幸我们班家委会成员发现了群里家长们的思想动态，及时在群里帮着解释和澄清缘由。

同样的事情，家长们更愿意相信家委会成员的解释。因此，遇到一些棘手的问题，主动向家委会成员请教是最稳妥的解决办法，大家集思广益，事情容易得到圆满的解决。

三、充分发挥家长委员的作用

教育部于2012年11月22日颁布的《全面推进依法治校实施纲要》明确指出："中小学、幼儿园应当逐步建立健全家长委员会制度。家长委员会承担支持教育教学工作、参与和监督学校管理、促进学校与家庭沟通、合作等职责。"

我所带班级之所以能成功地开展丰富多彩而又有实效的班级活动，有赖于家委会的大力支持。我们的目标是一致的，都是为了孩子。这一切有赖于班主任转变观念，打破常规，改变工作作风。我们相继开展了以下活动。

（一）精心策划，践行班级文化

为了不使家长委员会形同虚设，避免家长委员会活动流于形式，就必须围绕家长委员会的目的与任务，精心策划，想方设法开展与组织各种有效的活动，通过活动来加强班级文化建设。

苏霍姆林斯基曾经说过，要使教室的每一面墙壁都具有教育的作用。教室，是学生学习、生活、交际的主要场所，是老师进行教育、教学的主阵地，是师生情感交流的地方。一个班级是否具有教育气息，是衡量这个班级优劣的重要标准。在一个窗明几净、富有文化氛围的班级中，全体学生会自发地形成一股浓郁的学习风气；学习和掌握丰富的现代科学文化知识；勇于探索，勇于创新，热爱劳动，热爱科学；学会发现美，欣赏美，创造美；真诚地与同学和老师相处，友好地进行合作，促进并加快学生的社会化。同时，学生的道德情操也得到了陶冶，潜移默化地使学生主动接受文化的熏陶，从而不断提升个人境界。这样一种积极向上、温馨和睦的环境也会让学生产生强烈的归属感，触动学生自发地加入建设班级文化的行列，使班级文化的建设与学生的发展构成积极的互动，取得教育的成功。从古时的"孟母三迁"到"近朱者赤近墨者黑"，再到今天的"环境造就人才"，无不证明了环境文化的重要性。因此班级文化建设首先要抓好教室的环境文化布置。学校每年都会更换教室，开学初，我会把班级的文化建设的主题设想告诉学生，让全体学生参与设计。这时，热心的家长委员会成员就会和老师一起布置教室。每次，我们的班级文化设计都是学校里最漂亮、最有创意的。

家长们还主动参与班级图书角（即小小图书馆）建设，为孩子们提供宝贵的精神食粮。家委会为班级图书角的建设出谋划策，指导孩子如何管理好图书和使用好图书。许多家长还主动为班级图书馆捐书，全班累计捐书上百册。我们班的李小龙家长听说以后，就把家中的书架捐给了班级。寓教育于无形之中。通过这一系列的工作，家委会不仅协助老师和同学们搞好了班级建设，在这些工作中也对学生进行了美德教育、责任心教育、环保教育和爱国主义教育。

（二）开展"家长讲坛"

"家长讲坛"是我班家长委员会着重发展的工作之一，也是我班家长委员会的工作传统。讲坛主要是将大量外部教育资源引进学校，引进课堂，丰富孩子们的学习途径，开拓他们的视野，实现大教育观理念。常设的课堂有"读书会""青春期讲座""法律讲座""文明礼仪讲座""理财讲座""英语角""安全知识讲座""感恩课堂"等。"家长讲坛"丰富了学校的课程资源，拓宽了学生的视野，发展了学生的思维，同时也为家长们提供了展示教育风采的平台。除此之外，为了提高全体家长的教育水平，为孩子们营造良好的家庭教育环境，我们班在学校召开家长会的基础上，每学期都会由家长委员会组织一次到两次的家庭教育交流会，向家长们派发家庭教育材料，推荐教育书籍，交流教育心得，使班级的整体教育水平大幅提高。

一个孩子在开完家长会的日记中这样写道:"自从这次家长会以后,我发现爸爸变了,不再像以前那样,发现我没有完成作业或者考试成绩很差时,就打我、骂我,而是轻言轻语地对我说:'听说你今天没有完成作业,是不会,还是其他原因?……'听着爸爸的耐人寻味的谈话,我深深地低下了头……"

(三)开展丰富多彩的亲子游

为了学校教育和家庭教育的更好结合,让学校教育更好地向家庭教育渗透,我们经常邀请家委会成员到校与我们老师共同组织教育活动。孩子们可以走向社会,学到一些无法从书本上学到的知识,培养和锻炼各种能力,为将来的发展打好坚实的基础。为了让孩子们领略祖国大好河山,陶冶情操,家长委员会精心组织,周密安排,开展一系列的参观、学习、调查、访问等丰富多彩的活动。例如,在2020年的母亲节(5月10日)之后的班会课上,我就邀请了家委会成员共同参与班级的"感恩母亲"演讲、叙事比赛。在学校召开集体家长会后,我们班组织了一场别开生面的亲子游戏。正是这无声的活动,让家长从另一个侧面了解了孩子,增进了与孩子的感情。期末,当孩子们完成自己和老师共同制定的目标时,我们的家委会成员又组织孩子们一起郊游,让孩子们在大自然的怀抱里尽情地欢歌、跳跃,释放那积压了一学期的童趣!

(四)整合社会(区)资源,开辟育人空间

在家长的热心支持和帮助下,我班分别在连发办公设备厂、东城文化中心图书馆、市科技馆建立了学生实践基地。学校多次组织学生到工厂参观、到图书馆做图书管理员、到科技馆参观学习等活动。

(五)发挥家长委员会的评价功能

对学校、教师、学生的评价是家委会的一项重要功能,是家委会工作与时俱进的标志。家委会介入学校的评价机制,是现代学校制度建设的一个新生长点。传统的评价往往是垂直型评价,即教师对学生、学校领导对教师、管理部门对学校进行评价。从现代评价观来看,这种垂直型的评价是不完整的,具有一定的局限性。评价应向家长开放,向社会开放,家长和社会共同参与评价,形成学校自身、教育行政部门、社会各界和家长共同参与的新型评价机制。这样,才能真正达成真实、客观、全面的评价。家委会的评价体现在以下

几个方面：对教师教育教学工作评价、对教师师德评价、对学校管理评价、对办学成效评价、对学生整体素质的评价。要做到形成性评价和终结性评价相结合，从而真正发挥家委会对学校教育的评价作用。

第三节 "慧"合作，赢得"合伙人"的信任

无论就教育的本义而言，还是就学生的成长而论，班主任和家长都应成为"合伙人"。可以表述为：班主任和家长应当为学生的成长共同负责，共担风险，并承担无限责任。而班主任主动向"合伙人"伸手，让两者在教育理念和教育方式上达成一致，形成合力，尤为重要。因此，一个健康的班级，必定要汇聚家长的力量，将家长视为教育学生的"合伙人"，与家长结成"统一战线"，方能实现学生的良性成长。

一、"慧"家访，心心相印

家校互访是家校合作的重要方式，也是尊重和了解我们的合伙人——家长的重要方式。班主任主动开展家访，并不是漫无目的或向家长告学生的状，而是了解学生在家的表现，了解家长对孩子教育的方式方法、对学生学习的重视程度以及对学校、教师工作的意见和建议，促使班主任改进自己的教育教学工作。

家庭教育是要有一定的目标的，但很多家庭没有具体的家庭教育目标，从而导致家教没有成果或者家教失败。如：在小轩家家访时，我发现这种情况尤为严重。家长无法有效管理孩子，究其原因，就是没有具体的家教目标，家长不知道要让孩子发展成为一个什么样的人，缺乏方向。于是管理孩子也就非常盲目，出现"头痛医头，脚痛医脚"的现象了。班主任在家访的过程中，经过深入交流和探讨，帮助家长认识了这种盲目管理的无效，然后进一步帮助其树立目标，建立具体的实施计划。

家庭教育需要真心的关怀和热情的鼓励。很多家长不懂得如何关心自己的孩子，只是觉得给他们吃好穿好就是关心了，或者是给他们足够的零用钱就是关心了。事实上，孩子们对他们仍有诸多不满，进而发展到与家长之间产生隔阂甚至产生反叛心理。这样的家庭教育肯定是无效的，至少是低效的。孩子

需要的是真心的沟通和交流，需要的是诚心的倾听和关注，需要的是经常性的朋友般游戏与嬉戏，在他们失败或情绪低落的时候更需要真心的鼓励和支持。小潮的家长经常说："我对他的关心已经够多的了，他根本就不懂事。""唉，没有办法了。"……我对他说："你看，你自己就灰心了，怎么能够说你真正关心他了呢？在孩子面前千万不要叹息，千万不要泄气，千万不能够放弃。"家长经常在孩子面前唉声叹气是非常不利于孩子成长的，因为家长的叹气，孩子至少会产生以下一些心理：家庭是不幸福的；家庭经常是存在矛盾的；家长是不成功的；我是一个失败的人；我是不可能进步的。

在这种家庭环境下，孩子的成长结果可想而知。于是我给家长开了这样的"处方"：在孩子面前多露笑脸；每天发现孩子的一个优点；认真倾听孩子说话；适当开展一些家庭游戏，或者和孩子一同嬉戏；绝不唉声叹气；永不放弃。

家长是需要家庭教育专业知识指导的。在家访过程中，我发现很多家长缺乏家庭教育基本知识，同时也发现家长的类型、层次多种多样：具有较高学历的；具有丰富社会经验的；学历层次较低的；自己读书不多，但事业比较成功的。

这些家长在不同程度上缺乏家庭教育知识，尤其是缺乏新思想和新观念。很多家长都以自己为中心来教育孩子，根本不尊重孩子的独立人格，从自己的主观愿望出发，有时又盲目胡乱地教育。

小武的家长在事业上是相当成功的，拥有一支较大的工程车队，把自己的几个亲兄弟都带出来发家致富了。但他们在家庭教育上是相当失败的，一对双胞胎兄弟在我校读书，没有一个在学习上或者品德上能够得到老师和同学较好的评价。经过家访，我发现主要有以下两个原因：家庭不和睦；家长严重缺乏家庭教育知识和方法。

这样的家庭非常需要教师和他们进行家庭教育基本知识的交流，帮助他们掌握一些基本的家庭教育方法。因此，我和家长进行了深入的交流，让他们意识到家庭中的一些矛盾对孩子的影响，并帮助他们认识孩子的发展目标、家庭教育的一些基本观念和方法。然后在他们家召开了家庭会议，讨论并制定了"幸福家庭公约"。看着一家人充满希望的神情，我感到无比的欢快和舒畅。

班主任家访该做些什么工作呢？我经常思考这个问题。现在我们学校年轻教师居多，家访时和家长沟通交流有时不知道做些什么工作。经过多年的家访，我总结了以下一些经验，供大家参考。

1. 了解学生家庭生活情况，包括学生平常在家庭里的学习环境、学习时间和学习习惯。

2. 汇报学生在校学习情况和在校表现。

3. 了解家长日常工作、家教方式、家庭管理办法和家长的知识层次。

4. 帮助家长树立新观念，确立孩子发展目标，制订发展计划，建立家庭管理制度。

5. 召开家庭会议，解决家庭教育存在的难题。

6. 交流一些家庭教育知识和方法，提供一些好的书籍。

7. 帮助孩子和家长建立信心，构筑美好的家庭共同愿景。

8. 对困难家庭给予适当的关怀。

二、家长"不配合"，试试这样做

常常听到有班主任在抱怨家长不配合，有家长暗恨老师事情多，家校矛盾频发。这些都背离了家校两方的初衷。我们都希望孩子能够健康成长，有着共同愿望的人，本应携手共进，却不断地"相爱相杀"，原因何在？

现实情况：班级家委会成员低年级热情很高，到了高年级热情开始消减，到后来甚至没有人愿意主动承担家委会工作。

错误归因：孩子大了，自己和老师"熟"了，不愿意出力了。

正确归因：随着家长素质的不断提升，他们有着自己独特的教育理念，有些甚至与当下的主流观念相左；教师和家长在相处过程中产生了不良情绪，双方受不良情绪影响导致失和，辐射到家校合作之中；家长对学校的认可度不高，抑或是一些诉求没有得到相应的满足，对学校所传达的要求充耳不闻。班主任可以试试下面的做法。

（一）真心包容，和善而温柔地坚持

随着时代的不断发展，人们的眼界变得越来越开阔了，不少家长都有一套独立的教育理念。尤其是那些接受过高等教育的家长，他们对自己所持有的教育理念很自信。这种自信甚至有时会有些盲目，与他们进行沟通，就如同在

进行辩论。如果被他们驳倒，无疑会让他们对自己的教育方式更加坚定，即使表面上他被说服，内心的信念也不是那么容易动摇的。

这种情况下，我们只能采取适当干预，等到情况不妙之后再与他们进行结果导向下的过程分析，寻找教育过程中的问题，对他们会更有说服力。

小君的父母都是高级知识分子，年纪很大了，夫妻二人对这位"老来子"非常宠溺。同时，他们又认为玩是儿童的天性，只要孩子开心快乐，成绩差、习惯差都没有关系。面对几位老师的轮番沟通，他们总是满脸堆笑，频频点头，却不拿出丝毫行动来。

作业不做、上课不听的小君成绩落后，加上性格特别自我，吃不得任何小亏，人际交往也成了问题，每天来上学时总是一副愁眉不展的样子。

为此，我与小君进行了深入交流，了解到学习和交友上的不顺利已经严重影响到了他的情绪。我把小君的父母请来，告诉他们目前小君不仅在学习上落后，而且没有朋友，这些让他感到很不快乐。夫妻二人终于醒悟，看着垂头丧气的儿子，半天说不出话来。沉默片刻之后，小君爸爸开口了："老师，您说怎么办吧？"

我将小君在学校里的表现进行分析，并再一次声明习惯的重要性，并鼓励他们，如果小君同学能够逐渐改变自己，养成良好习惯，乐于分享，包容他人，一定能够收获快乐。在接下来的教学工作中，小方的爸妈虽然仍然坚持"让孩子快乐学习"，但他们能够接纳老师的建议，在日常行为习惯养成上也会主动配合老师，这已经是巨大的转变了。

（二）山不过来，我就过去

经常听到老师当面或者背后埋怨家长不负责任，如果这仅仅作为情绪的释放当然可以理解，但如果带着这样的想法投入家校合作的工作中，非但不能解决家长不配合的问题，甚至有可能会激化矛盾，波及教师本人。

适时调整好心态是教师保护自己、解决矛盾的重要保障，同时也可以让我们以更加积极的心态来面对各种各样的家长。老师在家校合作中起主导作用，当家校合作遇到瓶颈时，我们首先要从自己身上寻找原因。我们有责任和义务做那个调整好心态的人，成为"家校桥梁"的搭建人。

"山不过来，我就过去。"怀着这样的心态，我们满怀热忱、积极主动地与家长沟通。无论对方是出于何种原因，没有配合老师的工作，都会坐下来谈一谈，毕竟"伸手不打笑脸人"。这也是我们建立良好家校合作模式的第一步。

班主任，没有孙悟空的七十二变，也要有孙子兵法的三十六计。当这条路行不通时，我们就要转变方向，走另一条路，否则很容易就走进某个死角，自己出不去，别人也进不来。我们班的小昌，可谓是"老大难"的代名词了。

家庭基本情况：小昌的爸爸开车拉货，后来又接手了一家小餐厅，夫妻二人经营着。每当小昌出问题，小昌的爸爸对他非打即骂，多以简单粗暴的方式解决了事。因为被骂太多，被打太多，小昌对此已经习以为常。现在的小昌就像是一根弹簧，你越是对他严厉施压，他越是叛逆。如此恶性循环，老师的谆谆教导在他眼中变成了和他爸爸的责骂批评一样，老师的严厉助长了他内心的叛逆……

眼看就要毕业了，作为老师的我心急如焚。等孩子上了初中，学习、生活习惯进一步固化，父母、老师就更束手无策了。

新学期已经第二周，我们班呈现出良好的发展态势，同学们很快进入了学习状态，为人处世、待人接物都成熟了许多。唯独小昌总是小问题不断，而且大多是思想上的不足。正为此忧心忡忡之时，恰巧这一天，因为班务，我联系了小昌妈妈，得知了小昌爸爸大拇指连接手腕处骨折，需要住院做手术。我留心一想，不如借此机会来个家访，给予小昌爸爸一些关心，实际上是为了表示对小昌的关爱。于是我们马上吩咐班长，晚上准备好一箱牛奶和一袋苹果。第二天我们就在班里宣布了这件事。小昌眼中满是诧异和惊喜，第一次流露出了难能可贵的羞怯。我知道，他被触动了，他接收到了我们爱的信号了。

来到医院，小昌爸爸也是万分激动，和我们聊了半个多小时，谈谈他曾经的工作，聊聊现在的生活，说得最多的就是，拿小昌没办法了。而我们说得最多的则是，放下过去的管教方法，多沟通，慢慢走进他的心里。"得民心者得天下"，无论是古代帝王，还是现在的国家治理，最在意的就是民心。民心所向才能胜之所往。治国治家其实有共同之处。给予孩子独立、尊重、理解，这样才能打开孩子的心扉，走进孩子内心最柔软的角落。

据科任老师反映，那天小昌的表现异常的好。从来不肯为班级做事的他，竟然主动帮助体育委员把下周要进行活动所需的拔河的绳子抱到了办公室，还借口说是我叫他搬的。我忍俊不禁。没想到效果如此立竿见影，没想到"心"战如此所向披靡。

（三）打开怀抱，深度融合

信任是合作的前提条件，家长和学校建立起互相信任的关系，有利于化解家校矛盾，对家校携手共促孩子的发展起着至关重要的作用。张康之教授认为，"信任产生于人们之间真实与真诚的合作交流过程之中"。对此，我深信不疑。要让家长们看到老师的付出，尤其是那些不配合的家长，更是要加倍殷勤地将我们对孩子的付出展示出来。

我班有一名比较特殊的学生叫小葛，患有多种疾病，抑郁症、多动症、社交退缩……

他多次表明"再逼我写作业，我就去跳楼，不上学"。几名任课老师与学校协商之后决定减轻他的学业负担，让他处在一个相对宽松的环境下逐步恢复。

我们将这些情况如实地告知了他的父母：老师们决定在他恢复期间暂时放宽他的课业，等稳定下来，再进行补习。家长却认为学校对他的孩子不负责任，并扬言"早知道就不把情况告知学校了"。

其实无论是学习还是人际交往，班主任和任课教师在他身上花的心思远远超过其他同学。因为家长看不到这些，所以才会产生"老师不管小葛"的误解。怎样才能让家长看到我们对孩子的付出，就成了当务之急。

几次谈话下来，我们发现小葛爸爸对于我们的工作还是比较支持的。在接下来的一段时间里，我们陆续将小葛上课的表现发给他妈妈，让她深入地了解问题的严重性，也让她看到老师们一次又一次耐心地让他从地上爬起来，回到座位上；一次又一次把他抓狂时撕碎的本子修复；让她看到老师为了阻止他从楼梯上跳下时双手被抓得鲜血淋漓……

看到这些情景，小葛妈妈的情绪逐渐稳定。我趁热打铁，每天下班前都给她打一个电话,告诉她:"今天他上课听了20分钟,很专注,很棒!""今天上课没有画画!"……通过这些"闲话",小葛妈妈看到了孩子的点滴进步,感受到了老师们对她孩子的关注。就这样,一个学期过去了,小葛妈妈和我们成了朋友。她开玩笑说:"就算是亲人,也没有老师的电话打得勤。"听到她说这样的话,我觉得每天那几分钟的通话,真值!

(四)深入了解,增加参与度

在家校沟通的过程中,我们会发现绝大多数家长有"把孩子培养得更好"的主观意愿。他们有很多自己的想法,需要学校的关注与帮助。一旦这种需求没有得到满足,同时又没有得到合理的解释时,他们就会产生一些负面情绪,甚至有抵触对抗的想法。

其实在学校与家庭教育的合作中,因为家长需求没有被满足,不配合教师工作的事情屡见不鲜。但其实只要给予一个合理的解释,大部分家长还是通情达理的,关注和尊重可以弥补学校工作中的很多不足。

每个学校都会有一些家长对学校和班级的建设十分"热心",也会提出各种各样的建议。但有些建议颇具理想主义色彩,愿景很美好,能够博得广大家长的认同,却给校方和班主任造成了不小的压力。

面对不配合的家长,我们会有很多方法,但最直接的就是从自身开始改变。通过我们来影响家长,让我们的目光变得柔和一些,心态平稳一些,胸怀宽广一些,从自身出发,做好柔性引导。班主任具体做法包括:

第一,班主任心怀感恩之心,认真对待每个家委会成员的孩子,至少让那些不计个人得失、不计报酬的家长感觉到自己的付出得到认可,心里多一分温暖。

第二,充分利用班级微信群,及时利用图文形式公布、表达谢意和感恩之心。

第三,每学期对班里做出贡献的爱心家长进行隆重颁奖。

班主任只要从班级利益、学生成长出发,努力发挥家长委员的桥梁作用,不仅可以弥补在教育学生时家校之间的信息不对称,以及教育责任缺位等问题,还能通过挖掘、发挥常务委员的内在潜力,让班级工作更加风生水起,让班级生活更加丰富多彩;同时也有利于提升班主任自身的班级管理水平。

三、遭遇投诉，教会家长如何处理

魏书生说："世界上最希望一个人有作为的，最真心愿让一人超过自己的，除了他的亲生父母外，就是他的老师了。"

一位植物学家的儿子拿着一株不知名的小草，请教老师。但老师不认识，便和颜悦色地对他说："你的父亲是一位著名的植物学家，不妨去请教他，老师也想知道小草的秘密。"

第二天，孩子又来找老师："爸爸说了，他也不知道小草的名称。他还说，老师您一定知道，只是一时忘记了。"说完孩子还顺手把爸爸写的一封信交给了老师。

老师打开信，上面详细地写明了小草的名称和特性，最后还附着一句话：希望这个问题由老师回答，想必更为妥当。

这位家长的做法非常高明，他降低了自己的身份，支持老师，帮助老师塑造在孩子心目中的形象，其实这也是支持自己的孩子。

作为家长朋友，坚决不能有以下的行为：
1. 面对孩子的投诉，轻易表示附和。
2. 固执自己的管理方式，毁掉教师的管理方式（等于毁掉管理者的威严）。
3. 在孩子面前议论、质疑老师的动机。
4. 遇到老师投诉，为了保护自己的尊严，急于解释。
5. 对老师有过度的期待，自身不承担任何责任。

四、家长投诉老师，班主任怎么办

晚上十点多，接到小邓妈妈的电话，我们聊了一会儿之后，她突然说起了我们班的英语老师与她女儿有很深的矛盾。她先找我投诉，然后准备明天去找校长反映情况。小邓告诉妈妈说英语老师辱骂了她。因为小测的时候，她不停地转笔，一不小心笔掉在地上，发出了响声，影响了其他同学的听力考试。因为有题目搞不明白，听不太懂，所以她才边转笔边思考……英语老师当着全班同学的面说："没有见过你这样的烂泥扶不上墙的女生，没脸没皮的，吃得那么胖，给女生丢人！"这句话让小邓很受伤，因为她的确不是在玩笔，老师竟然当着全班同学的面这样说她。全班同学都回头看她，让她很没面子。所以，她在交卷子的时候把试卷揉成一团，以此无声地抗议老师的言辞。

她总是对妈妈说英语老师不喜欢她。妈妈怀疑她的英语成绩下降也和老师的态度有关。

这件事发生在上周五。当时小测之后，英语老师就拿着小邓的卷子和我说了事情的来龙去脉。小邓的个性我知道，在气头上和她说什么都听不进去。我想着这周来了和她谈谈，没想到，没等到我谈话，小邓妈妈的电话就找上门来了。

（一）不辩解耐心倾听

听到家长投诉，无论是投诉科任老师还是班里同学，或者学校的管理问题，都不要急于替老师（学生、学校）辩解，不要在未调查清楚之前下论断，说是其中一方的责任或过失。一方面，因为班主任不一定了解情况，这时候说多错多；另一方面，家长打电话时既是反映问题，也是发泄情绪。班主任要给家长足够的倾诉时间，满足她发泄的欲望，所以不要着急解释什么，尤其不要打断家长的话。

（二）处理事情先处理情绪

等她投诉完之后，我再有礼有节地表达同理心："小邓妈妈，发生这样的事很抱歉，我能理解您的心情，担心女儿受委屈……"听到我这番话，小邓妈妈也冷静下来，更加信任我。

然后我给她吃一颗定心丸，运用应对投诉的万能句式："这件事我一定要调查清楚，如果真的像您说的这样，我会认真对待并妥善处理，请您放心！"以此表达我对这件事的重视。说到这里，家长的气应该消了一半。

（三）巧妙踢球给对方

接下来，把"球"抛给家长。我问小邓妈妈："小邓和您说这件事的时候，您是怎么和孩子沟通的呢？"

小邓妈妈很通情达理，宽慰女儿："老师没有叫你站起来批评你，不一定说的是你，你不要多心。"然后问女儿："要不要找老师谈谈？"但是小邓不同意妈妈找老师，怕老师针对她，还向妈妈保证，不管老师怎么误会她，她都能忍，不会影响学习。"

继而小邓妈妈又说："本来不想和您说，小邓怕打扰您工作。但是今天聊到这里了，就说了，真是不知道该不该和您说这些。"

（四）给予鼓励与肯定

我马上给予肯定和夸赞："当然应该和我说！这孩子太懂事了，她看我太忙，不好意思打扰我……但是她这么敏感，我花了那么多心力改变她，不希望因为这一件事又把她的性格打回原形，所以一定要和我说的。"

我刻意强调了一下我在她身上花了很多心思，让家长明白我不是不关心或者不作为，用"苦心"博得家长进一步的支持。只有当家长感觉我们是同一联盟的，感觉我是为孩子好的，那么接下来我的沟通才是有效的。

（五）顺势正面引导

于是，我开始表明我的看法："可能双方都有原因，但是老师当时在气头上，我也没细问具体情况。我是相信小邓的，我很喜欢她。不然我不会在她身上花这么大心力。但是现在我们站在旁观者的角度，我不是一个喜欢她的老师，你不是她的妈妈，当我们走进教室，看到她在转笔时，我们会怎么想？有个成语叫'瓜田李下'，西瓜地里不要绑鞋带，让人误以为偷西瓜；李子树下不摘帽子，让人误以为偷李子……所以，小邓首先是做了让别人容易产生误解的事。"

我在表达我的观点时，着重强调了"我们"，始终让家长觉得我和她是立场一致的。

然后，我再次打一针"镇静剂"，同时表达我的难处："但是，如果老师真的点名道姓地说了伤害小邓的话，我肯定是要和他沟通的。可是，我也很为难，他身体的情况您也知道，我不好多说……"

接着，我再用孩子的表现给家长"戴高帽"，"她这个孩子真的是顾全大局，既不让您麻烦我，也不让您找孙老师，考虑得比我们周全啊"！

（六）着眼孩子的未来

最后，我引导家长从孩子成长的长远角度辩证地看待这个问题："每个问题的发生都是孩子成长的契机。我想以此为契机，教会小邓如何与人沟通。当别人误会你时，你怎么办？当领导不喜欢你时，你怎么办？所以，从这个角度讲，这还是促进她成长的一件好事。"

当我说完这些的时候，家长的气差不多全消了，而且还很不好意思打扰我这么久。继而，我们又聊了下亲子沟通的问题，我教她怎么和孩子友好说话，呵护小邓敏感的心。小邓妈妈一直开心地夸赞我会说话，懂教育。

从开始气冲冲地投诉，到后来满心感激地挂断电话，其中的变化，就得益于沟通的艺术。

第八章

"慧"教育，遇见"最美"的自己

一个好班，必有一个独具个性、魅力非凡的班主任。班主任的自我形象建设，从某种意义上讲就是班主任提升个人魅力的修炼历程。美国女诗人西尔维娅·普拉斯说："魅力，能使人开颜、消怒，它不像水龙头那样随开随关，突然迸发。它像一根丝巧妙地编织在性格里，它闪闪发光，光明灿烂，经久不灭！"魅力存在与否，就像幸福与爱，不能自我标榜和吹嘘，而依凭他人的知觉和感受。

班主任作为班级的管理者，注重魅力修炼，能提升对班级的领导力，能赢得学生的喜爱、崇拜与信任以及家长朋友们心甘情愿的付出。班主任的魅力既能诱发学生努力学习、健康成长的动力，也能焕发班主任自身的工作热情和发自内心的幸福感。

第一节 什么样的班主任"最受学生喜欢"

一、"好班主任"应具备的十二种素质

美国教育家保罗·韦地博士花了40年的时间，收集九万个学生的信，内容是关于他们心目中喜欢怎样的班主任老师。

保罗·韦地博士《好班主任的十二种素质》

好老师素质	学生的感言
友善的态度	"他必须喜欢我们，要知道，我们一眼就能看出他喜欢不喜欢教书。"
尊重每一个人	"老师应对我们有礼貌。我们也是人。"
耐心	"老师，请您耐心地听听我所提出的问题。"
兴趣广泛	"他应带给我们课堂以外的观点，并把我们所学的知识用于生活。"
良好的仪表	"她衣着整洁，名字写得很漂亮；开始上课，她很熟悉教学工作，事事都安排得有条不紊；她长得并不漂亮，但很自然。我立刻就喜欢她了。"

好老师素质	学生的感言
公 正	"老师,只要您保持公正,您对我尽量严格。"
幽 默	"她讲课生动风趣,幽默活泼,听她的课简直是一种享受。"
良好的性格	"我相信她与其他人一样会发脾气,不过我从未见过。"
对个人的关注	"老师只和好学生谈话,难道她不知道我也正在努力吗?"
伸缩性	"老师,请您记得,不久前您也是学生,您是否也会忘带东西?在班上您是否样样第一?"
宽 容	"她总是装着不知道我愚蠢,将来也是这样?"
有方法	"忽然间,我能顺利完成我的作业了,我竟然没有察觉这是因为她的指导。"

二、学生最喜欢的十种类型的老师

一个好班主任,应该具备什么样的素养?我们也可以把它叫作专业素质、专业智慧。华中师范大学刘良华博士的相关研究提到"最受学生欢迎的十种老师",其中包括:

第一种受学生欢迎的老师是"像父亲一样严而有度";
第二种受学生欢迎的老师是"像母亲一样慈爱";
第三种受学生欢迎的老师是"实习老师";
第四种受学生欢迎的老师是"宽容的老师";
第五种受学生欢迎的老师是"帅哥老师";
第六种受学生欢迎的老师是"温柔的美女老师";
第七种受学生欢迎的老师是"风趣幽默的老师";
第八种受学生欢迎的老师是"充满爱心的老师";
第九种受学生欢迎的老师是"以身作则的老师";
第十种受学生欢迎的老师是"有真才实学的老师"。

教育就是一方与孩子独处的乐土。孩子是天使,是太阳,他们小小的身躯时时迸发着春的气息,那一阵阵的读书声、那一张张的笑脸、那一声声的欢歌笑语,似一朵朵顶着露珠,迎着晨曦绽放的花朵,让我们做班主任的也忍不住把自己开成花，和孩子们一起行走在春天里，慧心慧语，一路芬芳……

工作室导师李季教授的一首《致班主任》一直激励着我努力挖掘班主任工作的内在美，从而坚信自己所从事的是影响人的一生，影响一个家庭的幸福与安宁的，值得为之奋斗一生的事业。

我是一名教师，
为师从教是我的职业；
我是一名班主任，
班级育人是我的主业；
我是一名名班主任，
引导心灵是我的志业；
我，愿用专业情怀守望我钟爱的职业；
我，愿用专业智慧践行我工作的主业；
我，愿用专业自觉完成我毕生的志业；
我们是班主任，
成名成家不是我们的追求；
引领每一个心灵健康成长，
是我们的专业方向；
我们有着坚定的信念，
用信念成就未来是我们的理想。

只有爱，才能赢得爱。你爱班主任这个职业，班主任这个职业才会爱你，你才能获得事业上的乐趣。你爱学生，学生才会爱你，也才会让你在和他们的交往中看见成长的美妙，忽略大大小小的烦恼。如果你能够真正地把爱给所有的孩子，真正地用心对待自己的每一次讲课、精心设计每一个主题活动、规划好每一次的家长会、珍惜每一次与学生的沟通，你一定会感受到当班主任的乐趣，体验到做班主任的幸福。挖掘班主任的职业魅力，你一定会惊喜地发现，班主任的生活原来可以如此美丽！

三、引领孩子自然成长

以我校六年级学生调研《在学生眼中：你喜欢什么样的班主任老师？》为例，汇总同学们喜欢的班主任的特质如下：

1. 老师知识水平高；
2. 偏瘦、高个子、大眼睛漂亮；
3. 衣着整洁；
4. 诚实，性格好，常和我们一起做游戏；
5. 讲课知识丰富，有想象力和幽默感；
6. 语言表达能力强，口齿伶俐；
7. 不偏心，愿意和我们交朋友；
8. 多组织我们活动；
9. 不当众批评打骂我们；
10. 写字工整漂亮；
11. 不把学生的成绩看得很重要；
12. 放假少留或不留作业；
13. 不占用学生课间玩耍的时间。

我曾问一位朋友："究竟哪种植物最美？"他的回答耐人寻味："每种植物都有自己的特点，只要根据它们的特点给它们合适的位置，所有的植物都是美丽的！"

我们的学生不就像大自然中的生命——各具特色、充满生机吗？有的像小树，正在抽枝发芽；有的像小花，亭亭玉立；有的像小草，探头打量世界；有的像荆棘，浑身带刺……作为老师的我们应该正视差异，尊重生命的独特性，因势利导，引领他们成为最美的自己。因为，不管是参天大树，还是路边的小草；不管是娇艳的花朵，还是带刺的荆棘，都有生命的尊严，都有属于自己的精彩。孔子提出"因材施教"，老子倡导"道法自然"，卢梭强调"教育及成长"，那么，作为老师的我们应该做的就是引领学生健康成长，而不是一厢情愿让学生在刻板的模具里痛苦地挣扎！通天大道固然万人瞩目，但幽幽小径也有自己的风采；太阳固然光辉，但星星也有自己的光彩。每个学生都是一个独特的生命，"顺木之天，以致其性"，让我们沿着生命自然发展的轨迹，引领学生做最美的自己。

如果学生是一棵小树，班主任就引领他长得伟岸、挺拔！

如果学生是一株小花，班主任就引领他绚烂地绽放！

如果学生是一棵小草，班主任就引领他展现生命的绿色！

如果学生是带刺的荆棘，班主任就引领他成为土地的守护神！

作为班主任，我们只要满怀赤诚的爱心和耐心，就一定能寻求到那把开启所有孩子心扉的钥匙。所以，班主任需要有极大的耐心。耐心是一份涵养，一份理解，一份关爱，一份期盼，更是一份责任。

第二节 "慧"班主任的自我形象建设法

一、看脸的时代——怎样提升"颜值"

（一）我要像您一样优雅

记得南开大学里有一面镜子，镜子上方悬挂着"容止格言"，内容是："面必静，发必理，纽必结，头容正，肩容平，胸容宽，背容直，气象勿傲勿暴勿怠，颜色宜和宜静宜庄。"要想获得学生的喜欢，得体的仪表是一个重要条件。

教师的仪表、形象、风度、生活作风和行为习惯，对威信的获得有重要的影响。有的班主任在讲台前一站就有一种自然的魅力。他的神态、风度就立刻把孩子们深深地吸引住。班主任的仪表、形象、风度是班主任的精神气质、文化素养的外在表现，对孩子们的影响很大。衣着得体、气质高雅、情绪乐观的班主任会给学生带来愉悦之感。班主任的形象魅力正是班主任对学生影响的开始，也是赢得学生好感的重要方面，万万不可忽视。我不管工作多忙，不管生活中遇到什么事情，只要走上讲台，总以最佳的形象和最振奋的精神状态迎接每一位学生。

记得我曾去一所由 5 个社区组成的、生源相对薄弱的城乡接合部的小学交流，并担任六年级的班主任。开学前一天，学生提前报到。在四楼楼梯的拐角处，我无意间听到几个女生的对话。

"这个学校对咱们可好了！最后一年，听妈妈说咱学校派了一位最优秀的班主任老师管我们班！"

"还没正式上课，你咋个晓得？"

"我妈说的，还有第一眼我就觉得班主任很优秀！她说话亲切又自然，你看她穿的衣服，还有气质，我将来长大了一定要像她一样优雅……"

"嗯嗯，班主任老师的普通话真标准，也很有磁性。"

我不禁暗自检查：当天仅是穿了一件枣红色的短装旗袍，上面点缀着几朵梅花，配搭白色丝巾披肩和一双高跟鞋而已。在孩子们眼里，衣着淡雅，声音悦耳，自然亲切，就是"最美班主任"的外在标准了！

在人际交往中，大家都注重"第一印象"，班主任更要注重"首次效应"。每次开学初，与同学们的第一次见面，我定是苦心酝酿、精心计划，一定要为自己的"开场戏"作好各种准备，胸有成竹地迎接新集体。

（二）首次班会亮风采

刚接班，对学生一点儿也不了解，我主动找到原任班主任许老师聊天，并逐一打电话家访，通过各种渠道了解学生，侧重点是学生的优势和长处。新学期第一天，我们召开首次主题班会。我深情地说："我觉得你们会是我带过的最优秀的班级！看完这个你们就知道了！"接着，我给学生放了一个 PPT，是由全班每个学生家长提供的孩子的生活照片、获奖情况以及发展优势，还有从许老师那里了解的孩子在校的一些优秀表现。我激情总结道："在我近 25 年的班主任生涯中，你们是最多才多艺、全面发展的学生，老师在跟你们家长和老师沟通的过程中充分看到了你们的潜力，也感受到了他们对你们的美好期望。我们定能发掘自己的潜力，让家长们的期望变成现实。"

我的做法传达了老师、家长对学生的期望，也明确表达了对他们的最高期望，大大鼓舞了全班的士气，为打造幸福班级开了一个好头。

（三）老师，你为什么不笑

据有人统计，影响班主任魅力的"七大杀手"依次为：①偏心、不公、发脾气打骂学生；②不负责任；③不会笑，摆架子；④经常请家长到学校；⑤占课拖堂；⑥说话不算数；⑦独断独裁。

在这七条中，最有损班主任形象的就是"发脾气打骂人"和"不会笑，端架子"。

记得我刚做班主任的时候火气比较大，很容易在课堂上发脾气、批评学生，有时弄得自己也很难堪、下不来台。而且我发现，用这种方法批评学生，即使学生表面上服气了，实际上也只是畏惧做班主任的威严，心里并不服。

有一回，我在课堂上严厉呵斥一个男生："你给我站起来！"那个男生突然发了脾气，高声顶撞道："我就不站起来！我凭什么要站起来！"我不想因为和他叫板而耽误上课，急中生智地说："你给我坐下！"全班一下哄笑起来，那个学生也不好意思地笑了。一场危机在笑声中得到化解。

我在网上曾经读过一篇高考作文，题目是《假如记忆可以移植》，文中有这样一段话："假如记忆可以移植，我要移植蒙娜丽莎的微笑给我的班主任，让她的脸上露出微笑。"由此可见，学生需要微笑，教育学生离不开微笑。"老师，我们喜欢每次都能见到你灿烂的笑容，面带笑容的你很美，显得那么和蔼可亲、平易近人，使我们在愉悦、轻松的氛围中掌握了枯燥难懂的数学知识和技能。"每当想起学生的这番话，总让我很感动。瞧，这是学生对老师的一点儿真诚的渴望！他们要求的仅仅是老师给他们一张真诚的、微笑的脸，一张完整的、微笑的脸，我们老师在意了吗？

二、人格魅力——让你成为出神入化的舞者

常听孩子们讨论"我最喜欢某某班主任，我最佩服某某班主任"。甚至班主任的一举一动，孩子们都在模仿。这些班主任之所以让孩子们为之折服，为之倾倒，我想就是源于班主任优秀的人格魅力。班主任在长期的教育教学工作中形成的这种人格魅力，在孩子们中间建立了一种崇高的威信。这种人格魅力

和威信对学生的影响非常大。

（一）修炼品格：班主任魅力的灵魂

我们都读过鲁迅先生的《藤野先生》，还记得藤野先生不修边幅的形象。鲁迅先生在回国20多年以后，还深深地怀念藤野先生。在晚年，鲁迅每当写作疲倦时，抬头看看藤野先生的照片，便激起无穷的力量，点一支香烟继续奋笔疾书。藤野先生成了鲁迅鞭策自己奋斗的力量源泉。藤野先生之所以让鲁迅先生念念不忘，其中很重要的一点就是：藤野先生正直的人格魅力深深打动了少年鲁迅。

伟大的教育家孔子曾经说过："子师以正，孰敢不正。""其身正，不令而行，其身不正，虽令不从。"这也就是说，教师要用自己的实际行动来教育我们的学生。即使你在课堂上自由驰骋，畅所欲言；在业务上不断探索，锐意进取；在学识上才华横溢，学富五车……若没有良好师德为依托，一切都是枉然。苏联教育家苏霍姆林斯基指出："教师的人格是进行教育的基石。"可见，人格是我们教师魅力的灵魂。

我们学生的眼睛是"摄像机"，耳朵是"录音机"，头脑是"计算机"，摄录下来的信号装在"计算机"里。碰到问题时，学生从"计算机"里调出以前摄录下来的信号来指导他们的行动。

开学初，学校为了加强班级管理，要求每一位教师根据本班实际情况制定出班级公约。这是我的拿手功夫，我马上召开中队会制定了10条细则。可是，有一天，班长刘浩铭送来了一个信封。我打开一看，大吃一惊，上面写着《老师评价细则》——加分条件：①上课微笑，加2分；②教学有创新，加3分；③数学作业有趣，加3分；④关心每一个孩子，加4分；⑤下课后和学生聊天或游戏，加3分。减分条件：①上课迟到或拖堂，减1分；②发火，减5分；③占课，减4分；④当众揭短，减2分；⑤上课接手机，减2分。注意：100分为底，一月一次评价，110分优秀，108分合格，105分以下为不合格。

好家伙，这帮小家伙，完全是学以致用啊！我还能被你们量化倒？这对我来说，小意思！日子一天天过去了，月末，8位数学委员共同核算，我的成绩为109分，刚刚及格。"不会吧？我才刚刚及格，有没有搞错？"我气呼呼地找他们理论。班长拿起小本子，一分一分地算，一分一分地加。怎么回事？我满脸通红，走开了。第二个月，我几乎是枕戈待旦，既要完成数学课任务，又要有所创新；既要形式多样，又要趣味十足；一手防减分，一手快捞分。当月分数147分，同学们为我喝彩，还给了我一份礼物。接下来，我们忘记了自己的年龄，和孩子无话不说，无话不谈，心也年轻了许多，人也俏皮了许多。

真的，是孩子们教会了我许多，是《老师评价细则》给了我快乐的、不平凡的日子和为人师、为人友的快乐和幸福！

（二）学会宽容：班主任魅力的润滑剂

谢云老师在《幸福教师五项修炼》中有这样一则教育小故事。

相传古代有位老禅师，一日傍晚在禅院里散步，忽见墙角边有一张椅子，他一看便知有出家人违反寺规越墙出去溜达了。老禅师也不声张，走到墙边，移开椅子，就地而蹲。稍许，果真有一小和尚翻墙，黑暗中踩着老禅师的背脊跳进来院子。当双脚着地时，他才发觉刚才踏的不是椅子，而是自己的师傅。小和尚顿时惊慌失措、张口结舌。但出乎小和尚意料的是，师傅并没有严厉地责备他，只是以平静的语调说："深夜天凉，快去多穿一件衣服。"小和尚深感惭愧，从此再也没有私自外出，而是潜心修行，终成一代名僧。

从这个故事可以看出，宽容是一种胸怀，又是一种教育。我认为宽容也是增强我们魅力的一个重要因素。一位班主任要最大限度地理解、宽容、善待学生，这正是班主任的魅力之所在。英国科学家麦克劳德上小学的时候曾偷偷地杀死了校长家的狗，这显然是难以原谅的错误。但麦克劳德遇到一位高明的校长，对他的惩罚是画出两张解剖图：狗的血液循环图和骨骼结构图。正是这个包容理解、宽容和善待心怀的"惩罚"，使小麦克劳德爱上了生物学，并最终发现胰岛素在治疗糖尿病中的作用，走上了诺贝尔奖的领奖台。

宽容是一种胸怀，又是一种教育。我想起了我的一个教育故事：

有一天，从教室门口经过，恰好听见有个女学生在喊我的名字，我一听声音就知道是小玉。在一般老师眼中，这可是有关师道尊严的大问题。我的思维迅速转动起来，思量片刻，我立即走进教室问："谁喊我，有什么事情？"学生个个吓得不敢作声。过了一会儿，大家纷纷说"不是我喊的"。好久，小玉才怯怯地说："老师，对不起，是我喊的。"看到学生如临大敌的样子，我没有批评他们，反而笑笑说："难道直呼我的名字不对？在家里我父母直呼我的名字，我爱人也直呼我的名字，有时高兴了，儿子也直呼我名，甚至还加上'老'字，叫我老同志。直呼我名字的都是我的亲朋好友，你们直呼我的名字，自然是我的朋友啦。"学生眼睛睁得大大的，个个显出一副受宠若惊的样子。他们异常兴奋地围在我的身边，饶有兴趣地听下文。我侃侃而谈："封建帝王不许人们直呼其名讳，搞什么'忌讳'之类的规矩。如今完全不同啦，我们社会提倡新型的、民主的人际关系，当然也需要一种新型的师生关系！称呼只是一种文化。我提议，如果大家愿意可以直呼我的名字。"教室里顿时响起了雷鸣般的掌声。

老师们，要建立新型的师生关系，使自己成为学生的知心朋友，请记住：宽容是爱，宽容也是教育。宽容是折射教师高尚师德修养的一面镜子，又是化解师生情绪的一剂良药。它有效地消除师生的心理隔阂，架起情感交流的桥梁，让学生在轻松和谐的氛围中明辨是非，改过自新，健康成长。

（三）情感魅力：班主任工作的基石

隔三差五，那个叫小勋的男孩儿总爱制造"小惊喜"。周五的数学课，授课内容是《圆柱的表面积和体积的对比练习》，我在课堂上三番五次地强调数学做题格式规范性，要求思路清晰，分步书写。下课铃声一响，小勋迫不及待地奔到讲台上说："老师，您看过《流浪地球》这部电影吗？"我说："看过呀！吴京演的。怎么了？"小勋说："我模仿《流浪地球》里的台词创作了一首小诗，目的是提醒大家注意数学书写格式，读给您听听？"他没等我反应过来就大声读出来："数学学习委员会提醒您：学习方法千万条，正确第一条，格式不规范，自己两行泪。"我对他微笑，并夸张地回应："数学学习委员！你提醒得太及时了！赶快把它写下来，朗读给全班同学听吧！"他欢快地跑回座位，写下了一张字条。"数学学习委员提醒您：学习方法千万条，正确第一条，格式不规范，自己两行泪。"

小勋的父母离异，爸爸在外地打工，他和奶奶生活。上一任的班主任告诉我，他一上课就睡大觉，绰号"睡神"。毫不夸张地说，他很有可能从第一节睡到第六节，"上课一条虫，下课一条龙"说的就是他。我找到他爸爸，电话联络到了在武汉的妈妈，了解情况，认真分析了小勋睡觉的原因，并制定了详细的拯救"睡神"方案：

形成的原因	拯救方案
晚上父亲上夜班，奶奶睡得早，小勋睡不着时就偷偷玩iPad，一玩就玩到凌晨，迷迷糊糊上学，到学校就睡觉。	和爸爸协商，把iPad放在办公室，彻底断了他玩游戏的念想；让他当老师的助理，赠予他雅号："教育局长"，让他监督和监控全班同学的听课质量，同时也监督老师是否下课拖堂。
喜欢趴着听课，学校的桌椅板凳坐着特别舒服，听着听着就睡着了。	每周开展"班级欢乐时光"，总结小勋一周的听课学习情况，扬长避短，让集体的力量激励小勋。
父母离异，没人疼爱，在家庭中缺失母爱，让他失去了学习的动力和兴趣。	妈妈不在身边，我也会给他买一些文具、鞋子、小零食等礼物送给他，让他感受到"校园父母"的关爱。
基础知识不牢固，没有搭建知识体系，学习缺乏自信心。	同心协力，若他睡觉，就安排同学轻轻拍醒他，让他出去活动一下，用凉水洗把脸，帮老师拿一些教具或在走廊里走走跑跑，清醒一下。

现在的小勋，人见人爱，上课睡觉的事儿，已然成了历史。有一次，小勋给我说"悄悄话"："老师，您长得太漂亮了！您脸上完美的小黑痣，像个小黑石头一样好看。是您唤醒了我这头沉睡的'雄狮'，谢谢您！"我紧紧抱住了小勋，顿时热泪盈眶……

一个富有魅力的班主任，要用爱心和智慧去创造奇迹。班主任的魅力既能诱发学生努力学习、健康成长，又能焕发班主任自身工作激情。班主任要用"凡是值得做的事情一定值得做好"理念自我激励，让我们更热爱生活、更热爱学生、更热爱自己的工作，更注重自我形象建设，打造独特的个人魅力是班主任至高无上的幸福。

三、有魅力的班主任和班主任的魅力

生活在这瞬息万变的信息时代，每个班主任都需要不断地"建设自己"或"重建自己"。班主任改变，学生就会改变，班级也会改变。套用胡适先生的说法：教育的改造，总是这个学校那个学校的改造，这个班级那个班级的改造，这个班主任那个班主任的改造，这帮学生那帮学生的改造。《56号教室》这本书我看了几遍，雷夫老师给了我们几句忠告：

1. 你未来的日子会不太好过。这并不是因为你不是一个好老师，而是每个人都会有不顺心的时候，但优秀的老师绝不轻言放弃。我经常遭遇挫折，但我会试着从错误中学着让自己变得更好。

2. 以好老师为榜样，不断学习。

3. 不要与厌恶学生的老师为伍。

4. 做你自己！师生之间的关系是建立在信任之上的，而不是畏惧。教育最棒的地方就在于它会让你变得越来越好。

5. 今年是我从教26年，我相信我的下一个26年一定会更好。

雷夫这样的名师，也同样会有困惑和迷茫，也同样会有职业倦怠和有失败感，可贵的是他不断反思，不断成长。何况是我们。我想一个班主任的蜕变历程大多经历三重境界：

1. 独上高楼，望断天涯路——立志用热血和激情铸造高标准班级。

2. 衣带渐宽终不悔，为伊消得人憔悴——遵从孩子天性，摒弃功利追求。

3. 众里寻他千百度，蓦然回首，那人却在，灯火阑珊处——持续反思，回归爱和尊重的教育起点。

作为小学班主任，我们不要奢望这辈子能做什么惊天动地的事。我们每天面对的就是和学生在一起的琐碎生活，但是每一个日子都是单纯而恬淡、琐碎而充盈的！每当我想起那些声音、那些面孔，那些让人眼睛一亮、心头一暖的表达，心中就会泛起掩饰不住的欢喜，就像农民微笑着守望满地的庄稼、聆听禾苗拔节的美妙声音，纵然额头上汗珠盈盈，心里却充满了希望和甜美。我们怎样才能成为有魅力的班主任呢？我有三点小建议。

第一，一视同仁，抵达内心。

班里的几十个学生，无论成绩优劣，无论智力高低，都一样有尊严。无论哪个学生跟你交流，你都要赶紧放下手中批改的作业，或者停止和同事的交流，表现出极大的兴趣，耐心地了解学生究竟要诉说什么，试着了解事情的根源。班主任总是以朋友的身份出现在学生身边，他们也就更愿意说出自己的内心感受。形成这样的良性循环后，教育就多了一条走进学生心灵的通道。

第二，知行合一，处处留心。

下课经常和学生一起参与班级活动，和他们踢球、拔河、跳绳，肯花时间和学生在一起，了解学生的喜好，让学生感到班主任不是高高在上的长者，而是这个温馨集体中的普通一员，无形中师生的心会贴得更近。在班会上，我们经常玩"盲人助我行""左手日"等，让学生感受到平等与信任的重要性。

第三，慧心慧语，坦诚交心。

班主任经常会遇到一些棘手的问题，面对难缠的学生，发脾气于事无补。遇事一定要冷静，三思而后行，批评教育时不挖苦、不讽刺，就事论事，不侮辱人格。再顽皮的孩子都有他的"软肋"，要找到"攻心"的地方，委婉地让他学会自我认知。班主任还可以偶尔卖弄一下自己的课余生活，读书、爬山、游泳、外出旅游、厨艺展示等爱好，全面地感染学生——做丰富、有情趣、积极向上、有担当、全心投入做事的人。

老师们，每个学生都是一朵花，只是花期不同而已。只要给予学生充分的尊重和关爱，他们都会在自己的花期灿烂开放。期待、耐心，让每一朵花在它自己的花期开出最美的花朵！

我喜欢诗人海子说过的，"从明天起，做一个幸福的人……面朝大海，春暖花开"。我认为，"凡是值得做的事情一定值得做好"，孩子们需要我们，被学生需要就是一种幸福！我们除了要用爱与智慧去创造奇迹，还要有满满的正能量。

班主任们，你优雅从容，孩子们才懂得整洁干净；你自强上进，孩子们才不甘落后；你满心是爱，才能收获花香满怀。如果爱，请深爱，用心用力去做，不问收获只问耕耘！

第三节 "慧"教育，善待自己的学生

回忆25年的班主任工作，我的身心都为学生的纯真和对老师的那份挚爱而深深感动着，心底常常涌出肺腑之言：当班主任真的好幸福。如果说我能够得到孩子们喜欢和认可的话，那是因为我"慧心慧语"的缘故吧！以慧润其心，以言导其行。我一直在努力地读懂他们，真诚地和他们站在一条战线上，友善地走进他们的心灵，努力把自己的生命和他们的生命融在一起，使它迸发出情感与智慧的火花，用自己的人格魅力引发学生对学习的喜爱。班主任要把学生当作大写的"人"来看待，把课堂看作师生人生中一段重要的生命经历，善待你生命中的每一位学生。让我们热情地牵起孩子们的手，和学生一起走过他们的青春岁月。虽然我也有被气得失去耐心的时候，然而，学生却在不知不觉中向我们展示了生命中最美的一面。学生的眼光是率真的、视角是独特的，老师何不放慢脚步，把自己主观的想法放在一边，陪着学生静静体味生活的滋味，倾听学生内心声音……给自己留点时间，从没完没了的教育生活里探出头，其中成就的，何止是我们的学生？善待学生就是善待自己。

一、"慧"教育，需要小心翼翼

苏霍姆林斯基说过："教育——首先是关怀备至地、深思熟虑地、小心翼翼地去触及年轻的心灵。"

我一直担任高年级班主任工作，这个阶段的孩子没有了低年级小学生的盲目随从，也不具备高中生的独立自主，只是一味地强调自我，对什么都似懂非懂，但又觉得自己什么都对，即使错了也要坚持到底。如果教师一味地"管""卡""压"，得到的就是不屑的眼神、无理的顶撞，甚至是抗争的大吼。做好这个阶段的学生的思想工作，培养他们良好的道德品质和行为习惯，需要我们教师像妈妈一样用最敏感、最细腻的心，时时刻刻、事事处处注意发现，耐心引导，做好每个学生人生的领航人。

（一）放下架子，弯下腰来，向学生学习

　　我性格开朗活泼，又很喜欢与孩子打交道，特别适合当老师。如果以教师职业标准来衡量，我认为自己也有很多缺点：我急躁，甚至拧过学生的耳朵；我武断，不止一次地不分青红皂白地批评学生；我缺乏宽容之心，有时为一件小事抓住学生不放……我曾这样想：如果我不当老师，情况可能比现在要糟糕。因为现在看来，我的性格已经大大改善——脾气平和了，处理突发事件冷静多啦！一切的改变应该感谢我一届届的学生。我在努力克服自己的不足，最有效的方法就是鼓励学生不畏师，敢向老师说"不"。每个月，我都希望同学们给我提意见。怕学生有顾虑，我又强调可以不写姓名。一开始时没人敢提，后来我就在全班鼓励说："同学们不要有顾虑，想写什么就写什么。"后来有人开始写啦！可大多数是告状信，如"××抄别人作业""××课说话""××骂人"等，紧接着又是被告人的"辩解信""反告信"。这样一来，本来是给老师提意见的，却成了互相告状、互相攻击的阵地。我反复向学生说明："你们给老师提意见是对老师的帮助，凡给老师提意见的同学都是老师最真诚的朋友！"之后我收到一份这样的纸条："老师，昨天你的板书太乱，能科学规范一点吗？"上课时，我把这张字条念给同学们听，热情表扬了这位同学："很遗憾此人没留名，否则我一定送给他一份礼物，以表谢意！可是发现我这个毛病的人不止一个吧？为什么只有他一个人指出来了呢？难道老师不配与你们交朋友吗？……"再后来，纸条就越来越多。我进行详细的分类整理。说实话，听惯了好话，面对这些意见书，我总是不由自主地想"解释解释"。如学生说我"板书乱"时，我解释道："我讲得太投入没注意，只要同学们明白我写的是什么就行啦！"同学们说："你批评学生太厉害啦！"我辩解说："我是好心，不是说严师出高徒吗？"有的说："你有时候喜欢拖堂，让我们饿着肚子听课！"我分辩："老师为的是啥？不就是想让你们多学点知识吗？再说，老师不也饿着肚子在讲吗？"……总之，我把同学们的意见一一作了解释和说明。我相信学生提的意见是真诚的，但我的解释不正说明我"民主"作风的虚伪吗？有一天，我又收到了一个意见条："老师，你对每一条意见总是先说'谢谢'，再解释说明一通，经过你的解释说明，我们的意见全无作用！这样，我们给您提意见还有意义吗？您不是说'有则改之无则加勉'吗？为什么您做不到呢?"读完字条,我难受至极,羞愧难当。学生的话太不顺耳,却很有道理。斗争了好几天后,我终于鼓起勇气向全班学生表态:"今后不管同学们提什么意见,我都将本着'有则改之无则加勉'的精神一概接受,不再解释!"

那年教师节,学校再三规定不要向学生索要礼物,可9月8日上午第一节课,我一进教室便在黑板上写了几个大字:"教师节——献给老师的礼物。"同学们顿时讨论起来:"老师可真胆大,敢向学生要礼物!"我在学生的疑惑声中真诚地说道:"五年级的时候,由于我身体不佳、情绪不好,工作态度越来越简单急躁,在各方面都存在许多问题,今天我诚心诚意地请同学们对我的工作提出宝贵意见和良好建议,因为这对我来说的确是再好不过的礼物啊!"龙亮打了头炮:"老师,四年级时您只教了我们两个月,可那时您每天都笑容满面,而现在脾气越来越大啦!希望您恢复四年级时的笑容!"露丹立刻站起来说:"老师,您还记得上次选升旗手的事吗?为什么没有征求我们大家的意见?"平时常挨我批评的志川发话啦:"老师,您有时太冲动,上次水明踢教室门不对,当然该受批评,但您当时发脾气、拍桌子、大声训斥他,又让他请家长,又让他写检查,弄得水明好几个月抬不起头来!"提意见的学生越来越多……下课铃声响了,我总结:"老师永远感谢同学们!愿我们全体师生在这新的一学年中精诚团结、同舟共济,共同创造明年六月的辉煌!"回答我的是一片雷鸣般的掌声。

(二)教会孩子呵护别人的心灵

班主任要教会学生养成同理心,与集体的每一个同学心心相印、息息相通。同学的痛苦能引起班主任的不安,同学的快乐能使班主任感到高兴,这样的班集体才会充满温暖,否则就谈不到集体的凝聚力,谈不上形成良好的班集体。

记得有一次我正上课,一位家长推开门就喊:"芳芳,妈妈给你送的衣服,快穿上。"这时芳芳满脸涨得通红,其他同学哄堂大笑。我马上意识到,这就是芳芳的妈妈。接班前我向其他老师了解学生情况时,老师就反映她的妈妈脑子受过刺激,精神异常,经常在上课时推门大喊大叫,使成绩本来就落后的芳芳备受同学们的嘲笑。想到这儿,我连忙笑着说:"你好,我是芳芳的班主任，你把衣服给我吧，我给她。"同学们看我对芳芳的妈妈那么客气，安静了许多。回过头去，我狠狠瞪了同学们一眼，接着上课。课下，我找芳芳谈了心，告诉她："今天的事儿是同学们不懂事，没礼貌，我会好好教育他们的。以后，老师就是你的妈妈，有什么事尽管和我说，特别是有同学欺负你了，要及时告诉我。"第二天，在芳芳到校前，我早早地召集了全班同学进行了谈话，让他们换位思考、将心比心后，我们达成一致协议：首先，芳芳的妈妈就是我们的妈妈；其次，芳芳的困难就是我们的困难。从那天起，帮助芳芳的同学多了，主动教她做题的多了，拉着她的手和她一起玩儿的多了，借给她课外书看的多了。到后来，经常看见她欢乐的笑脸。虽然她妈妈每次见到我，都问我是谁、是芳芳的老师吗；虽然同学们有时还会笑，但已不是嘲笑，而是宽容的笑、懂事的笑。她的姥姥不止一次打电话说："遇到你这样好的班主任，我可算是烧高香了。"这朴素的话正是对我最高的奖赏啊！作为一名班主任，我时刻提醒自己，千万不能让那些不幸由于不良环境导致艰难境遇的孩子掉队，教育这些孩子要比正常儿童付出百倍的耐心、细心和同情心。

（三）把批评隐藏起来

教育家苏霍姆林斯基说："造成教育青少年困难的最重要的原因，在于教育实践在他们面前以赤裸裸的形式进行，而处于这个年龄期的人，就其本性来说是不愿意感到有人在教育他们的。"如何面对有过错的学生，如何面对犯了错却仍不知错的孩子，这需要班主任深刻思考。

孩子正处在容易犯错误的年龄，我们帮助他们认识并改正错误，需要教育艺术，需要理解和宽容。所以给学生写条子、打电话，成了我经常使用的批评方式，内容上尽量少叙述事件，而是告诉他们"我认为你应该……""我要是你，我会……""一个品德高尚的人不应该……""老师难以相信你会犯这么幼稚的错误……"等等。有时，我还把学生请到办公室，让他们给我整理办公桌，在我们共同劳动时，把我想说的话婉转地渗透给他们。有时，我也幽默一回，如学生上课回答问题声音小，我就说："男子汉应该顶天立地，威震四方！"又如同学们碎纸撒满地，我会说："今天，我班仙女下凡，撒下仙花，是哪位呀？"同学们便会哈哈大笑，扔碎纸者红着脸赶紧把纸拾起来。

现在的我已经养成了这样的习惯：遇到问题首先冷静思考30秒。我想起了李镇西老师的那几个相对和绝对论：对待未成年的孩子，"刚"是相对的，"柔"是绝对的；"法"是相对的，"情"是绝对的；严厉是相对的，宽容是绝对的；"疾风暴雨"是相对的，"和风细雨"是绝对的；"三下五除二"是相对的，"润物细无声"是绝对的；"合理的惩罚制度不仅是合法的，而且是必要的"（马卡连柯）是相对的，"真教育是心心相印的活动"（陶行知）是绝对的……在尊重的前提下，激其自信，促其自觉，这样的动力才持久，才能达到教育的真正目的。

二、"慧"教育，需要忏悔和反思

算来自己的为师之路已经走过了25个春秋，有一些尘封已久的记忆，我一直没有勇气去自我解剖、自我反思。俗话说，一滴水可以折射出太阳的光芒，一件微不足道的小事也能反映出一个人的品质。学生是受教育者，同时又是我们的一面镜子，这面镜子在时时提醒我们：教育需要人文的关怀，更需要不断反思，甚至是进行心灵的忏悔……

苏霍姆林斯基说："真正的教师如果是出于良好的动机而做事急躁、考虑欠周全，孩子们是会原谅的。可是孩子不会原谅那些态度冷淡、缺乏感情、好做长篇说教、总想置身于孩子的忧虑与激动之外的老师。"我们在"传道、授业、解惑"的同时，是否应该经常扪心自问一下：自己日日的劳碌奔波在多大程度上超越了简单的职业追求？每个孩子的存在都是一道特别的风景，这风景里鲜活的生命之树凭借着他们各自的尊严而博大；面对自己的学生，我们因一时不慎就可能误读了他们的心灵，并可能因自己的局限性而不自觉地贬损了他们的自尊世界，希望我的反思和忏悔可以警示那些热爱教育的老师们。

我的忏悔教育故事：赞美的伤痛

我自认为是一位对学生充满爱心、对工作尽心尽职的老师。记得毕业时，刚来到一所新的学校，担心自己不能胜任工作，所以我把大部分的时间用在了教学上，课上抓紧每一分钟耐心细致地讲解，课下又见缝插针地钻进教室给学生解答疑难，一节课的内容没讲完绝不休息，把课间休息的时间也搭上继续讲，生怕少讲了给学生造成损失。一次，在讲一节应用题课时，因为学生就题中的一个问题产生了争议，所以下课铃响后，我的课还没有如期讲完，留下一个小尾巴。于是，我像以往一样，没有宣布下课，继续讲了起来。这时，门外响起了轻轻的敲门声，坐在后排的学生打开门，进来一位给班级送报纸的女同学。我觉得此事并不重要，就没有停下来讲课。停了一会儿，那位女同学发觉没人理她，就轻轻从教室后面走到讲台前，踮起脚尖把报纸放在讲台上，仰着头，用细细的声音说："老师，这是您班的报纸。"当时的我的脑子里、心里、嘴里只有讲课，所以仍旧没有理睬她，同时还用眼色示意那些把目光投向送报纸的女学生的学生，让他们注意听讲。小女孩放好报纸后，就悄悄地打开门走了。在她走后不久，我的课也终于讲完了。小女孩送报纸的事就这样静静地发生，静静地结束，我当时没有把它放在心上。

几天后，我读到一篇数学日记《我的老师》。文中写道："我们的班主任十分和蔼，同学们有问题时，她不厌其烦地讲解，直到我们都听懂为止，同学们都很尊敬她。老师讲起课来非常认真，有时连下课的时间也不放过。有好几次，我想去厕所，可一看到老师那专注的神情，我就忍住了。还有一次，别的班的同学给我们班送报纸，老师理都不理她，仍在全神贯注地给我们讲课，她对工作这么认真负责，真令我佩服……"

读到这里，我陷入了沉思，我知道学生是在真心地赞美我，可是自己读着却那么不是滋味。就在那一刻，我突然明白：学生来到学校，并不仅仅是学习文化知识的，良好的行为习惯的养成、健康身心的发展、思维水平的提高、动手能力的加强等等都是学习的重要内容。我自己经常要求学生要有时间观念，要学会尊重别人，而作为老师，自己又做得如何呢？老师是学生最尊敬的人，是学生行为的楷模，老师的言行直接影响着学生。因此，为人师者应该时时反思自己的行为，避免在不经意中给学生造成错误的认识。

我的忏悔教育故事：误解带来的震撼

开学不久，我因一次不经意的课堂失误差点酿成重大的"教育事故"。马畈是我的学生,其成绩中等。有一次,她交了一篇令我思之深切的日记。和她平时的日记相比,这篇日记行之于文,发乎于心,而且用语、描写和心理感受都颇可称道。这篇日记是这样写的:

星期五下午,班里的气氛特别活跃。还有两个小时就可以回家了,同学们都在议论着回去玩什么。老师走进教室,"上课!"——这响亮的声音,唤住了我们不安的心,就像在提醒我们该认真听课了。像往常一样,老师拿起了作业本,先是表扬,后是批评。到了最后一本:"马畈,作业中的错误没有改正,能说明理由吗?"天呐,一心想着老师会表扬我,说我的题做得好了许多,谁知道我的一片期待被这几道不争气的错题磨平。我低声说:"忘记了。"没想到老师接着问我:"这次作业是不是你写的?""是!"我理直气壮地回答。更没想到的是,老师用不相信的眼光望着我,说了句特别刺耳的话:"我希望你是坦率的。"这话简直伤了我的心。我气恼得说不出话来,我多么希望老师相信我。在同学们的注视下,我的眼眶有点热,却不想哭,昨晚认认真真写的题竟被老师的一句话给否定了。老师,您在我心目中是多么有水平,多么令我崇拜。我崇拜您的思维、您的风度、您的深度,也因为这样,我对数学产生了兴趣,决心一改过去的懒散习惯,可是,您的一句话却让我把您的好否定了一半。老师,我相信您的心是透明的,我害怕有人把我看"死"。老师,请您相信我,我会把错题改好的,我也希望您的好能永远留在我心中。

读完这篇不同寻常的日记,我感到了巨大的震撼。如果不是学生的刻骨铭心,也许自己对那件"小事"的记忆早已化作职业性的想当然而无足轻重了。当初,我确实对她的作业的真实性产生了怀疑,在没有任何调查的情况下,就把自己的怀疑公开化了。这意味着,老师对学生自尊的伤害已在所难免。而学生心里如此剧烈的震荡无疑加剧了我心头的不安,尤其是学生对自己的老师竟还存有如此美好神圣的情感。让我感到后怕的是,假如学生没有以日记的形式向我显示她的自尊及不容漠视的"凛然正气",或者学生写了,而老师敷衍了事,一"阅"而过,那这个学生将带着怎样的伤痛走向未来?又将以怎样的心态对老师、对学校、对教育产生消极情绪?这是一次重大的"教育事故",如果不能引起高度重视,它就会静悄悄地埋下危机的种子,并对我们高谈的"素质教育"提出挑战。

问题就这样横在了我的面前，回避不得。如果说这是个结，解决的办法只能是公开道歉。我首先在课堂上郑重其事地向马畋表示歉意，并请她谅解老师的不慎。我注意到，当自己表示歉意时，马畋因出乎意料而表现出不自然。其实这就是教育的成功因子在起作用：师生间新的平衡因相互的尊重和理解而充满亲善与活力。

我给马畋的日记写了这么一段评语："你是个有骨气的孩子，如果老师有什么不恰当的地方，你能谅解吗？如果对比一下，你应该明白，自己的作业前后差别很大，我只是有点诧异和怀疑，没想到这对你的自尊造成了伤害。"这是一种潜在的对话方式，不需要渲染，更忌居高临下。分发数学日记之后，我注意到她非常仔细地阅读老师的评语。不需要解释什么，学生心灵的顿悟本身就是一种成功。

教育是未来的事业，这个未来总会因一代又一代人的无穷潜力和无限发展的可能性而光芒四射，魅力诱人。作为非智力因素重要组成部分的自尊，无疑会为人的全面发展和成功提供动力，创设条件。在我们每个人的成长历程中，或多或少总会有一些什么事情或言语——不管别人看得多么细小或轻薄——让我们终生难忘，甚至影响我们的一生，或改变了我们的人生方向；而教师的每一言每一行都可能是重大的、宏伟的。有鉴于此，我们能不尽心培育自己博大的人文情怀吗？非此，人生不足以提升，教育更难得真谛。教师的职业是神圣的，学生的世界是神奇的。但愿老师们能在教育的沃土上开拓出如此大写的诗意：师徒共舟，教学相长，襟怀坦荡，关爱无限。学生的自尊是稚嫩娇脆的，也正因此，这里的美的塑造才具有了更广阔的可能性。这是一个神奇的世界，却很难自发自然地壮大起来：当其成长和我们的学校教育找到磨合点时，我们教师的言行才可能潜在地影响学生的成长。

三、"慧"个体教育促成长

有些班主任和家长在教育学生时，以问题为导向，不寻出问题的根源，不把问题斩草除根誓不罢休。在这个过程中，他们常常只关注问题，而忽略学生的成长和发展。

第一个故事:"灰色"女孩儿变形记

(一)案例描述

我们暂且叫她小灰吧,五年级,女,有一个妹妹和一个弟弟。母亲曾声泪俱下地控诉:她脾气很倔强,不听父母的话,平时妈妈只要稍微批评一下,她都会有很大反应,用妈妈的话说就是"说一句,顶十句"。跟爸爸关系好一些,因为爸爸与她交流比较少,弟弟妹妹则比较乖。另外她有一个突出的毛病,就是做事非常拖拉。例如晚饭时间要消耗2个小时左右,喜欢端着碗到处走、到处玩,吃一会儿停一会儿;家庭作业基本在晚上11点左右完成,早上上学都得爸爸和弟弟妹妹等她10分钟左右。母亲对她没少唠叨,也骂过,但似乎见效不大,妈妈感到很无奈,无法跟她沟通。老师的印象:小灰在学校各方面表现不错,并未出现以上提到的问题,虽有点儿拖拉但不明显,也很少表现出妈妈所说的脾气倔。

(二)案例分析及理论依据

我是小灰的班主任,对小灰进行全面深入的了解,对照各种影响因素逐一排查,经分析作出如下判断:

1. 家庭教育不适

苏联著名教育家苏霍姆林斯基说:"学校教育里存在的一切困难的根源都可以追溯到家庭,每一个问题孩子背后都有一个问题家庭。"深入了解了小灰的家庭背景,我有下面的发现:小灰在学校正常,而在家里则表现出这些问题;小灰的矛头主要指向母亲,对母亲有明显的抵触情绪;母亲对她的评价几乎都是负面的,也常拿她和弟弟妹妹的乖巧听话比较。小灰对母亲对待自己和弟妹的态度不同感到不满,用顶撞、拖拉的方式进行无声的抗议。这点通过一件事得到了验证。有一次弟弟进入她的房间,把她的作业和书搞乱。她看了很生气,便大声把弟弟骂哭。母亲得知后一边倒地批评她这样做不对。她不服气就回了一句:"明明是弟弟先弄乱我的书的,而且不是第一次了,你总是批评我!"而母亲认为弟弟还小,她应该让着弟弟才对,于是对小灰很不满。连平时公正的父亲这次也不帮她,早上还不送小灰上学而让其自己走20分钟的路,说给她点教训。

2. 气质特点

小灰的气质类型偏向抑郁质，有敏感、多愁善感、多疑等特点，使得小灰能够敏锐地觉察别人的情绪态度的变化，也常因此而表现得情绪不稳定，过于细腻而沉浸在自己的情感里。她总认为父母在对待自己和对待弟妹时偏心、不公正，于是有一股怒气积压心里而在平时表现得郁郁寡欢，但又不敢直接告诉父母。

3. 社会支持系统不足

小灰性格内向，朋友不多，遇事很少向别人诉说，因为她在校的行为和学习都比较好，是大家眼里的"乖乖女"，所以也常被老师忽略。缺少社会支持系统的小灰，有苦恼但却无处诉说，长期积压在心里，于是慢慢转化为一些问题行为，如拖拉、顶撞、郁郁寡欢等心理问题。

（三）家校融合，科学指导

1. 家庭教育"疗伤"

将整个家庭教育视为一个功能系统，而不仅仅是将焦点集中在儿童身上，通过家庭成员之间关系的互动，来改变体现在儿童身上的不适当交流方式，从而达到解决现实问题之目的。在一次家访中，我无意间帮小灰和她的父母做了一次家庭辅导，现场发现了一些问题，并进行了处理。

2. 打开心灵密码

我会经常与小灰谈心，了解她最新的情况，她也越来越愿意跟我讲家里的事情。我把水杯里的水喝了一半，然后问小灰："你看到的是什么？只剩下半杯水，对吗？"她点头。"我看到的是'还有半杯水呢'，而且我肚子里还有半杯呢！"我说。她有些惊奇地看着我。我继续说："我们看到的是同一杯水，但心情却不同，造成这种差异的是我们的心态。心理学中有个'情绪ABC理论'。A是事件本身，B是你对A的看法和评价，C是你的情绪。你的情绪不佳，并非因为事件本身，而是因为你对事件本身的看法过于悲观。"听上去很专业的解读让这个桀骜不驯的女孩儿开始信服我。

我还跟其他科任老师沟通，让他们在平时多关心小灰；在班里，鼓励一些性格比较开朗的班干部接近她，带动她参加一些兴趣小组，通过活动扩大她的交往范围；还告诉家长多关心孩子的情况，多看孩子好的一面，少拿她跟别人比较，处理孩子问题时注意公平公正。

3. 播撒阳光的种子

著名心理专家吴武典说："要改变一个人，最好用团体的历程去改变。"想要小灰的世界充满阳光，我首先要为她的世界播撒阳光的种子。

每学期我都会设计一系列的班级团队训练活动，活动以小组的形式进行，如"我为班级助力"的组旗、组名、组歌、组徽创作活动；"盲人旅行"体验关爱活动；"爱心大餐"互助活动等。我鼓励小灰主动参与活动，感受班级的温暖和老师、同学的支持，帮助她逐渐开放自己的内心。

（四）资源拓展

1. 辅导效果

经过辅导，小灰变得开朗了，有事情也能主动向老师或同学倾诉，在家里不再出现吃饭拖拉、做事拖拉的行为，跟母亲的关系有了较大改善。但因为之前长时间对抗情绪的影响，负面影响无法一下子消除，不过小灰已经不像以前一样逆反，不会和母亲顶嘴。母亲也在努力修补彼此的沟壑，能客观全面地看待小灰的优缺点。

2. 共享收获

我们应着眼于学生的家庭系统，而不仅仅是将焦点集中在学生身上，要通过家庭成员之间关系的互动，来改变学生的不当行为，帮助父母和孩子一起成长。

在平时的教育中，我们不能忽视部分"乖学生"的心理。我们不应该仅仅关注问题学生，而应面向全体学生，特别是在学校里那些看似表现很乖巧的孩子。我们应该打开每一个孩子的心门，让每一个孩子阳光灿烂地生活；同时，在学校也应该做好心理危机"三预"机制的工作。

我们教师应为学生创造一个良好的社会支持系统，学生即使出现问题也会从周围寻求帮助和支持，以避免其求助无门而长期陷入心理困扰。

有人说师爱是无私的，也有人说，儿童才是全人类的老师。儿童的天真与善良像永恒的北极星，引领人们走出心灵的幽暗与困惑，迎向开阔而光明的未来。在呼唤师爱的时代，"穿新装的粉笔"所折射出的美好童心让我体验到了为人师的幸福。在与童心对话中，让我们走出教育的误区，让师爱的内涵更宽广厚重吧！

第二个故事：特别的吻给特别的你

记得那年我刚刚接六(一)班没有几天，小云同学便焦急地说她的"金笔"不见了，她还发现小川那里也有一支"金笔"，和她的一模一样。小川是我们学校有名的一匹"野马"。三岁时父母离异，父亲常年在外打工，他和继母一起生活。记得那天下午，我把小川请到办公室。只见他雄赳赳气昂昂地来到我的办公室，双眼盯着我，摆出一副随时准备大干一场的架势。我见状，和颜悦色地说："小川，我发现你有一个最大的优点，昨天我们班清理垃圾道，全班52个同学，只有你不怕脏、不怕累，甚至用手向外抠。说实话，这一点连老师也做不到，老师佩服你！"听到这里，他的脸红了。他惊讶地看着我，随即又低下了头。"你是个热爱劳动的好孩子，老师决定奖励你一支笔。"小川接过笔，欲言又止。突然，他向我深深地鞠了一躬，转身就跑了。第二天，小云高兴地说："老师，我的笔回来了！"我始终相信任何每个学生的心灵深处都有想做一个好人的愿望。我们要"以心灵赢得心灵"，真诚地与他们交朋友并在此基础上帮他们树立自信。

从此，我们班这匹"野马"的野性收敛了许多，我因势利导，和他约法三章：每节课必须回答三个问题；有心事就写"慧心慧语"，让我和他共同分享快乐，共分忧愁；作业面批面改。一段时间下来，小川的成绩有了大幅度的提高。期中考试，他的数学考了85分，震惊全校。在讲评完试卷后，我对学习进步的同学进行奖励。我说："小川，你要什么奖励？"小川突然站起来激动地说："我，我想让你像妈妈一样亲我一下！"我乱了阵脚。当时我才二十几岁，这孩子竟然向我提出了如此"非分"之求。慌乱中，我看到小川那充满渴望的目光。我心一横，给了孩子一个妈妈的亲吻。教师里响起了雷鸣般的掌声，大家纷纷站了起来，把我们围住，说着、笑着，闹得不可开交！

一晃十几年过去了，小川已经长大成人，并且有了自己幸福的家庭和一份比较满意的工作。试想当初如果非要查个水落石出，无非使他在全班面前无地自容。被伤害的自尊心，再重新建立起来就太难了。教育的实践使我深深体会到：当你走进孩子的心灵，当你把自己的生命和孩子的生命融在一起的时候，你就会站在孩子的角度去换位思考，就会用童心去感受孩子们的喜怒哀乐，那时你就会感到当老师的责任太重。我们给予孩子们的不仅是一个智慧的头脑，更应该为孩子塑造一颗美丽的心灵；我们不仅要对孩子的今天负责，更要为孩子一生的幸福负责。

我想用李镇西老师在《爱心与教育》中的一段话作为结尾："素质教育首先是充满感情的教育。一个真诚的教育者必定是一位真诚的人道主义者，一位受孩子衷心爱戴的老师，一定是一个富有人情味的人。"

第四节　亦师亦友，努力做最幸福的老师

热爱教育事业的我，一个偶然的机会里，背井离乡，南下来到"海纳百川"充满活力的城市——东莞市，走进了东莞市东城第五小学。这是一所2002年9月开办的区属公立小学，坐落在东莞市名山黄旗山北麓，隐于环境优雅的东城中心花园内；这是一所融"书香校园、成长乐园、幸福家园"于一体的具有现代化气息的学园；这是一所教师队伍年轻、有活力，学历在全市最高，有较高的理论水平的学校；这是一所家长整体素质高，与学校、老师密切配合，共同提高孩子综合素养的现代化学校。在这样的学校中，我迅速把自己重新归零，重新制定自己的发展目标：一定要以执着的敬业精神、优秀的人格魅力赢得学生的喜爱；一定要以自己的爱心培养学生的爱心；一定要公正处事、以大公无私的胸怀与学生建立和谐的师生关系；一定要以自己独特的教学艺术引导学生达到学习的最佳境界。

一、敬业，收获的是遗憾和教训

25年前，我带着乡里人的质朴，带着儿时的梦想，开始了我的教师生涯。我记得，清晨，我在教室门口迎接学生的到来；傍晚，我目送每一位学生幸福地投向父母的怀抱。我工作兢兢业业，做人勤勤恳恳。学校老师都认为我工作态度认真，给了我很多我想不到的荣誉。

（一）适合的就是最好的

记得当时印象最深的一件事是跟着学校的两位优秀老师学习。我们教同一年级，听完他们的课后可以"现炒现卖"。其中一位中年男老师，课堂风趣幽默，和学生交流的艺术可谓炉火纯青，常常是一个眼神、一个动作，就可以让学生兴奋不已，甚至常常让我这个听课的局外人也想插上几句嘴，真是令我羡慕不已。另一位老师是老教师，课堂严谨厚实，题目分析清晰明了，以独到的见解和理性分析见长。至今我仍然感谢这两位老师，是他们培养了我。我吸收了他们的长处，又融入我自己的一些人生感悟，逐步形成了生动幽默、严谨厚实、以情动人的教学风格。魏书生的口才、于漪的情感、李镇西的爱心管理、韩军的说理，不是想学就一定学得来的，所以发挥自己的优势才是最好的办法。

（二）第一次教研的辛酸

在河南教书时，我们的学校是市教委直属学校，每年面临考市重点中学的压力，学生的毕业思维训练考题成为抢手货。于是我们几个数学老师潜心研究、精心汇编和设计，在学生升中学前我们自己的考前辅导试题就新鲜出炉。凭着我们年轻，有时间和精力，加上喜欢研究较难的数学思维训练题目，我也就成为试题编辑组成员。这大概就是我最早的教研经验了。有一年暑假，几个数学老师闲聊，说自己计划编一本书，把当时用的教材中的一些例题系统整理一遍，附上我们对题目的分析思路、图示，还有相应的拓展练习。说干就干，我们租借了一间仓库，在学校和市里的图书馆借了大量的资料，挑灯夜战，齐心协力。看到一沓沓厚厚的稿纸摞在一起的时候，真有一种成功的喜悦和收获。

（三）"因爱成恨"两败俱伤

有人说电影是一门遗憾的艺术。在我看来，教育又何尝不是一门遗憾的艺术？由于脾气不好，个人修养不高，以及种种原因，我在从教中出现过多次的失误。经验告诉我，作为老师，一定要避免以下四个方面对学生心灵的伤害：打学生；用语言伤害学生的自尊心；冤枉学生；在学生面前表现出对他的绝望。记得刚参加工作时，我曾多次义正词严地教训学生。看到学生痛心疾首的样子，我以为效果很好，其实根本未能触动学生的心灵，学生的接受也不过是想逃脱惩罚而已。我在激愤中说过一些让学生感到绝望的话："我永远不会再相信你啦！""这是最后一次原谅你！""下次再犯这样的错误你就别来上学啦！""我没有你这样的学生！"学生的失望恰恰是从我们老师的"绝情"话开始的。听听我的教育故事：

那是7月的一天，我们六（一）班正在举行毕业生分离会。为了让我今后更努力地工作，我请每位同学都给我写一封信作为礼物。在收上来的信中，静的信引起了我特别的注意。信中写道："老师，那次课间操，我边做操边与一位同学讨论自然课上的现象。当时您就厉声呵斥我：'静，你兴奋个啥？捡了二百元钱吗？'当时我的脸马上就红啦！我恨不得找个地缝钻进去，就生气地回了您一句：'您才捡了二百元钱呢！'您大怒：'你敢与老师顶撞，真是胆大包天！'回班之后，您又狠狠地批评了我一顿，还让我写检查。老师您知道吗？这件事对我打击太大了，我恨了您好长一段时间！……"现在回头想一想，我竟然当着全班同学说一个女学生脸皮厚、捡钱！这样讽刺、挖苦一个学生，我的教育目的达到了吗？后来我再也没有收到静的任何信件。

到后来，我竟然发现我的班干部有时也和我抬杠，弄得我十分恼火。于是我一逮着机会，自然不会放过他们。最后，师生"因爱成恨"，两败俱伤。开始是我的办公用品丢啦，后来是自行车的气门芯常常没有啦，发展到最后，自行车也不见啦。当我发现这些捣蛋鬼的时候，学生们又结伴溜走……如今想来真是愧对教师的清誉。

二、乐业，享受教师职业的幸福

当踏上东莞这块土地的时候，我是想在教育这块园地里做一些自己想做的事情的。我想，在改革开放的前沿阵地，教育应该拥有独特的理念。但是我心里也有许多反差，也曾经苦闷过。我曾不止一次探问我的学生：你们最喜欢哪种老师？听到最多的回答是：常与我们沟通，有情趣，还有童心的老师。后来，校长在一次会议上曾经谈到对学生和教师的管理理念——"要成为学生和教师生命中的贵人"。我似乎豁然开朗，教育学生也是如此吗？于是我把许多精力花在和学生的交流和沟通上，语重心长而极尽拳拳之意，苦口婆心而表达殷殷之情。至今回想，还是很让人回味的。

（一）"谈心亭"——心灵交流的平台

为了和学生很好地交流，我在班上开展了"老师，我想对您说……"活动，想通过周记搭建起我们师生交流的平台。在这里可以写和数学学习有关的内容，可以讴歌我们身边好人好事；可以鞭笞我们身上的点滴丑陋，可以记录事情发生的经过，也可以抒发自己的感受，通过文字的形式保存我们美好的童年回忆。我想让周记成为我们师生互诉衷肠的"谈心亭"，成为联系我们师生情感的纽带和桥梁。

老师，我想对您说……（1）

这周又考试了，每一次考试我都是迫不及待的。因为考试能看出我是否掌握了所学的知识。我第一单元的试卷就差2分就100分了，多么可惜呀！就是因为一道判断题错了，扣了2分。我很无奈。我的第二单元试卷就错了一题，就扣了8分。其实这道题是很简单的，我却做错了，心里很不是滋味。希望下次能有一个满意的成绩。

老师，我想对您说……（2）

老师，您是"走遍全国"的老师。您也是一个宽容的老师。虽然您有时候对我们很"凶"，但我知道，您都是为我们好。

记得上学期郊游，您为了组织我们游玩，费了很多心血。还记得去年的一个星期五，我发烧，全身不舒服。您是那样关心我，还让我提前回家休息。当时，我真的非常感动。

从上学期开学到现在，您总是说着一句话：要是我们有缘分，就可以相伴三年；可要是我们没缘分，就只能相伴三个月。也许我说的话打动不了您的心。但不管我们有没有缘分，我都想和您在一起。我甚至在梦中都想见到您，见到您的脸，见到您那甜蜜的笑容。因为，您是一位好老师，是一位细心的老师，更是一位热爱祖国的老师！

老师，我想对您说……（3）

老师，您知道吗？我非常爱我的妈妈。虽然她有时候骂我、打我，但是我知道，她这样做纯粹是为我好。我妈妈长着一双明亮的眼睛，就好像会发电似的。如果我做了亏心事，她就会对我投来提醒的眼光；每当我做了好事，她就对我投来赞许的眼光……我妈妈还拥有苗条的身材，每次她做健身操的时候，我都以为是仙女下凡呢！我妈妈不仅外貌美，心灵也很美。她总是教育我"百行孝为先"，她对她身边的每一个亲人都非常好。每次我们碰到乞丐，爸爸总是说：那些乞丐许多都是伪装的，不用把钱给他们！但我妈妈总是要给他们几元或者更多的钱，因为她用她的心灵在呼唤：贫穷啊，快快远离人们吧！

这种沟通实际上是一种心灵的互动。我们更多的时候只是看到老师的教育艺术让学生日臻完美，而没有意识到来自学生心灵的泉水也在洗涤、滋润着我们的心灵，让我们的人格、让我们的教育、让我们的生活日臻完美和幸福。

（二）童谣——在这里奏响

这个问题的思考缘于一个真实的故事。每次上课我都早早地、信心百倍地来到教室，可让我失望的是孩子们好像没看见我似的，仍我行我素，乱作一团。此时上课铃已响起，我足足用了5分钟才使孩子们安静下来。多么宝贵的5分钟啊，这样白白地浪费掉多可惜。怎样才能让孩子以最快的速度、最佳的精神状态投入紧张的学习中呢？面对这样的状况，我没有灰心，也没有训斥孩子，而是静下心来，认真地反思，并查阅了许多资料，调整了教学策略，编写了孩子们喜闻乐见又朗朗上口的童谣：

中队歌	东莞娃	小鸟
三（一）同学坐得好， 没有一人把腿翘。	我是一个东莞娃， 我爱我的家。	一只小鸟叫喳喳， 它在笼里想妈妈。
三（一）同学真安静， 眨着求知的小眼睛。	红墙绿树和白塔， 到处有鲜花。	爷爷把鸟放了吧， 树林才是它的家。
三（一）同学真好学， 掌握知识有秘诀！ 我要当好小主人， 爱护我的家！我的家！	高楼大厦真神气， 马路宽又大。	我多陪您聊聊天， 一样让您乐哈哈！

记得陶行知深情地告诫师范生："未来的先生们！忘却了你们的年纪，变个十足的小孩，加入到小孩的队伍去吧！"而要变成小孩子，关键在于拥有一颗像孩子般纯洁透明、活泼勇敢、天性好奇、容易满足的童心。童心亦真心，为人师表，若匮乏童心，便将失去真心，则无法俯察体味一颗颗纯真无邪的童心在怦然律动，更无法与学生稚嫩的心灵产生共鸣。一些优秀的教师常是大孩子、老顽童，他们怀揣童心，忘却年龄，成为学生的忘忧草和开心果；他们敞开心怀，倾听诉说，堪称学生的忘年交和知心人，用童心为学生开启心智，拂去尘埃。没有童心的教育，是一种失去灵魂的教育。每次上课铃响起，我的班级就会传出阵阵清脆的童谣声，成了学校一道亮丽的风景线！是这些童谣唤回了我尘封已久的童心。

（三）做学生生命中的贵人

一直在想，我们的国家有千千万万名老师，如果我们的老师都能做学生生命当中的贵人，那会有多少孩子可以人尽其才，在社会的大浪中尽显风流呢？

古今中外，无数事实证明，每个人都是一匹千里马，但常常需要有远见卓识的伯乐去发现和培养。我经常问自己，我们是不是学生生命中的贵人？是多少学生中的贵人？如果不是，我们可以用我们的教育智慧、教育情思，扶持、培育和我们有缘相遇的幼苗，使他们都可以在适合自己的土壤中快乐、健康、幸福地成长。

三、研修，洞开一片教育的蓝天

回想我们的教育生涯，哪个老师没有精彩的故事？打开我们记忆的阀门，哪个故事不凝聚着我们对学生的关爱和热情？没有这样故事的老师，几乎不存在。但是有多少人能够把自己的鲜活的材料，提炼升华成一种理念、一种规律？终于有一天，我逐渐意识到教师的任务绝不单纯是课堂上知识的传授，更应该关注学生情感、态度、价值观等多方面的进步和发展。

2007年，我主动去华南师范大学攻读教育硕士。教育硕士跟一般的硕士有什么不一样呢？教育硕士是针对有工作经验的教师的学位，学习中可以脱产一个学期或者一年，也可以不离开自己的学校，而利用寒暑假进行学习。我就是利用三年寒暑假的时间来攻读教育硕士。在这三年的时间里，学到多少知识，我已经记不清楚了，但我获得了最真实的"实践智慧"和"专业支持"。

华南师范大学教育硕士的三年学习使我跃上了一个崭新的教育层面，点燃了我心中那份久违了的热情；我感觉自己心中亮堂了起来。

（一）衣带渐宽终不悔——善于自觉学习

如今的时代，是一个竞争激烈的时代，如果一个人不努力读书，充实自己的大脑，适应社会，那么将被社会所淘汰。要想不被淘汰，就必须用"淘汰自己"的精神学习。成功者不一定有文凭，但一定是善于学习的人。

（二）不畏浮云遮望眼——善于观察反思

一个现代型的老师，要有一双慧眼，对教育信息要有一种灵敏的"嗅觉"，要能及时捕捉改革的信息，时时洞察孩子的变化，懂得如何呵护孩子的自信，要会发现自己的亮点、长处和不足，也要会发现别人的优点和自己与他们的距离。在课堂上，要用自己的慧眼去发现孩子，哪个孩子的手举起来了，哪个孩子的声音变得响亮了，哪个孩子的操作能力最强……教师的眼睛会发现小"爱迪生"，也会发现小"诺贝尔"。

如果我们细加研究，便会发现，学生的灵智和欲求，总是发生在教师的不经意之时，稍纵即逝。我们完全可以这样说，学生身上不是缺乏灵智和欲求，关键在于教师缺乏发现。这种灵智和欲求，往往表现在他们的眼神里，表现在他们的颔首中，表现在他们的微颦里。教师要有一颗灵动的心，要有一双锐利的眼睛，要"于无声处"去聆听即将响起的惊雷。它意味着对学生更多更有效的刺激。这种刺激，可能是"当头棒喝"，可能是"温婉的批评"，而更多的应该是一种激励和引导。有时教师一句体己的话语、一个鼓励的眼神、一次信任的微笑、一个尊重的姿势，都能唤醒学生沉睡已久的意识和潜能，都能使学生天性中最优美、最灵动的东西发挥到极致。

罗曼·罗兰说："30岁——有人才开始，有人已经死了。"这句话令人震撼。苏格拉底说："没有经过反省的人生是不值得过的。"这句话令人深思。我们在教育教学工作中摸索一段时间后，应当积极地反思，形成自己的思想和观念。反思是教师以自己的职业活动为思考对象，对自己的职业中所做出的行为及由此产生的结果进行审视和分析的过程。美国心理学家波斯纳提出教师的成长公式：成长＝经验＋反思。要让反思成为教师生活的常态。

（三）绝知此事要躬行——扎实肯干，热情四射

有这样一则寓言故事：

某地的一群老鼠，深为附近一只凶狠无比、善于捕鼠的猫所苦。这一天，老鼠们群聚一堂，讨论如何解决这个心腹大患。老鼠们颇有自知之明，并没有猎杀猫的雄心壮志，只不过想探知此猫的行踪，早作防范。有只老鼠的提议立刻引来满场的叫好声，说来也无甚高论——它建议在猫身上挂个铃铛，如此一来，当猫接近时，老鼠们就能预先作好逃遁的准备。在一片叫好声中，有只不识时务的老鼠突然问道："那么，谁来挂铃铛？"

至今，老鼠们还在自己的各种媒体上争辩不休，也经常举行多种多样的研讨会、论证会或者什么公选会等。

老鼠给猫挂上铃铛的确是个"好主意"，却没有人愿意去执行。"只会空想，不会做事；凭空想了很多念头，滔滔不绝说了很多话，可是就是不认真做"——这种纸上谈兵的"老鼠方案"对我们的成长是毫无帮助的。古人云："临渊羡鱼，不如退而结网。""纸上得来终觉浅，绝知此事要躬行。"我们需要实实在在的教育行动，认认真真的教育实践。

犹太人说："宁可变卖所有的东西，也要把女儿嫁给学者。"犹太人又说："假如父亲和教师两人同时坐牢而又只能保释一个人出来的话，做孩子的应当先保释教师。"或许正是因为有如此的教育观念、对教师这般的感情，才造就了犹太人的聪明和富有。19世纪，美国哲学家、文学家爱默森在他的书中讲过一个真实的故事：正当喜剧演员卡里尼使整个那不勒斯城的人都笑断肚肠的时候，有一个病人去找城里的医生，治疗他致命的忧郁症。医生劝他到戏院去看卡里尼的演出，他回答："我就是卡里尼。"

今天，我们的老师不能也不应该成为卡里尼，在照亮别人的同时也应该照亮自己。

四、科研，班主任的取胜之道

我是到东莞后才真正学习如何规范地进行课题研究的。第一个课题是2007年和一位老师一起立项的，我是第一参与人。后来由于那位老师调离我

们学校,我们的课题也夭折了。第二个课题是我们学校的一位李老师指导的《良好习惯"三段法"的实践研究》,后来李老师调离,课题也"随风而去"。我想,为什么我没有问题的意识?为什么我自己不可以做课题研究?痛定思痛后,2014年,我的课题"以家校合作为主要途径的幸福班级文化建设行动研究"在东莞市正式立项,此课题于2016年获得广东省中小学教育创新成果三等奖。2017年11月,我的第二个课题"基于'PD'实验的小学高年段活动体验型主题班会的实践研究"也在市里成功立项。反观自身开展课题研究的历程,关于科研课题研究,我主要有以下感悟。

(一)课题研究三项注意

1. 课题研究要精准,宜小不宜大

我们要养成反思自己或他人日常教育教学行为的习惯,养成观察教育生活的习惯,从自身、从身边的教育生活中发现问题,提炼一些小而精又可操作的课题。

2. 课题研究有规定性,有序不可乱

课题一般分两种:理论研究型和行动研究型。我们一线老师的课题多为行动研究型。确立课题,就是明确了研究的方向。首先要想别人在此方面研究了什么值得我借鉴,我要研究的是什么;然后再想通过课题研究的行动,明确研究内容,以什么形式来呈现所研究的最终成果。

3. 课题目标简单又明了

在课题研究的过程中,研究目标的设计要简单明了,目标设计得越具体越好。最好是能反映出不同研究阶段的目标,且在不同研究阶段中,能依据实践提炼出理论观点,体现出实践研究的广度拓展及深度延伸。

(二)课题开题后,应注意以下几点

1. 制定切实可行的实施方案

当课题获得立项后,我们在高兴之余应该做些什么呢?首先就是要制定详细的、切实可行的研究方案,在方案中体现自己的研究思路,但是研究思路不是研究路径,是课题推进的理性思考;其次是研究方法具体化,研究方法是科研方法的本质应用。对于我们小学老师来说,在众多的研究方法中,最实用的就是"经验总结法"。

2. 保持清晰的目标意识

目标要体现出三个特点：具体、明确、可评估。

3. 课题组成员的汇报制度

课题组是为课题组的成员服务的，课题组成员要保持固定的汇报交流制度，共同解决出现的问题，分享研究的经验，共为、共享才能共赢。

4. 坚持行动研究为主

行动研究是我们在行动中为解决自身问题而参与进行的，有计划、有步骤、有反思的研究。它既是一种方法技术，也是一种新的科研理念、研究类型。行动研究注重理论与实践相结合，通过资料收集、合作探讨、自我反省、多方总结最后解决问题；一种主题明确、思路清晰的解决问题的方法，应该在研究中贯穿始终。

5. 注意资料的收集

6. 坚持研究的针对性

在研究的过程中不要随意扩大研究的范围，不偏题、不跑题，准确反映课题的内涵和外延。

7. 树立较强的成果、成效意识

（1）养成成果意识。现实中，我们往往立项课题不少，都有各自的课题成果，但优质课题、优秀成果不多。凡是课题申报成功立项者，要有成果意识，要有成果申报获奖的壮志。成果一般以两种形式呈现：文字形式和产品形式。文字形式一般是研究报告及发表论文、著作等；产品形式一般是指发明创造出来的产品，还可提供相关的课例光盘等。但要明确的是，研究过程的资料不等同于研究成果。成果的高低档次不等同于资料的多少。关于与课题有关的观点形成论文形式，在核心期刊发表或者以著作公开出版；对于成果的推广问题，是检验课题具有广泛应用性的标准。课题主持人在应邀进行与课题有关的介绍活动时，注意让对方出具邀请函等以做佐证材料。

（2）关于成果的申报。课题成果的申报现时有两种：基础教育各级（国家、省、市级）教育教学成果奖和广东省创新成果奖。我市基础教育教学成果奖一般在上半年自行申报，广东省创新成果奖一般在每年7月31日前自行申报。

在市级立项中不成功，可能在创新成果中获奖；在市级获科研一等奖，可能在创新成果中仅获三等奖,甚至没有奖,因为评选的侧重点不一样。广东省创新成果奖的申报关键在于"创新"及"成果"两个词。创新是成果的灵魂,成果是创新的体现。创新的表现、成果的意义尤其重要。创新成果奖一般分三步评奖:先是在学科评委会评审中出线;接着在综合评委会中评审出一、二、三等奖;再提交主办单位专家组评定委员会最终评定。

8. 课题研究有周期性

(1) 课题申报立项。确立研究方向,查阅文献资料,依照上级的要求撰写课题申报书,呈递申报。

(2) 课题开题报告。在课题通过市级立项公布后,一般会召开此课题开题报告会,邀请相关专家对课题研究进行界定,提出具体的建议。

(3) 课题中期汇报。一般在课题立项、开展了一年的研究后召开。在中期汇报会上,主持人一般要向专家们汇报关于此课题的研究做了什么;为什么要这样做;做出了什么成效;再准备做什么;存在着怎样的困惑,等等,此时要关注成果的呈现。

(4) 课题结题鉴定会。一般一个课题研究的时间为2年,2年后要进行结题。主持人在结题前向市科研办提交结题申请书,等回复后再开展结题工作。结题的形式为会议结题和通讯结题两种。会议结题是邀请约3—5位专家组成课题结题鉴定小组。小组人员莅临现场开展结题,程序一般为主持人阐述研究报告,汇报课题研究的整个过程、所取得的成果(如果有现场课例展示的,先执教或是播放课例);接着是专家对主持人或是课题组成员发问,主持人或是课题组成员进行回答(答辩的过程);然后专家阅看研究资料,全面综合对课题评价,形成鉴定意见;最后鉴定小组组长宣读鉴定意见。会议结题的过程也是课题推广的过程,具有一定的影响性。通讯结题是将研究报告、相关研究资料、课题鉴定表准备好,交给学校科研处,再上报给区级教育局科研办公室,由区级科研办公室邀请3—5位专家组成课题结题鉴定小组。通过阅看课题呈现的文字资料及相关资料对课题进行评价,形成鉴定意见,进行反馈。主持人持课题开题立项书、结题申请书及鉴定意见表上交市级科研办,市级科研办根据上交的资料下发结题证书。主持人可根据自身课题开展的情况,进行滚动课题的申报。也就是说,在前一个课题结题之时,再找切入点进行再研究。每位教师只能做一个课题主持人，要等一个课题结题后，才能进行另一个课题的申报。

　　对于有崇高追求的教师来说，教育不应当是牺牲，而应当是享受；教育不应当是重复，而应当是创造；教育不应当是谋生的手段，而应当是生活的本身。班主任的一生不一定要干成什么惊天动地的伟业，但它应当如鲜花，展开是一朵花，凝聚成一枚果；应当如星辰，远望是一盏灯，近看是一团火。有时觉得，人的幸福其实是一种感觉，就是来自内心的对生命的领悟。幸福并不遥远，那些勤于思索的老师跟上了教育幸福的脚步；那些勇于付出的老师能抓住教育幸福的尾巴；那些善于不断进取的教师能体验到教育的幸福。

　　此时，耳畔响起了一首歌。这首歌有一种忧伤着的美丽，听了不觉让人热泪盈眶：

　　小时候，我以为你很美丽，领着一群小鸟飞来飞去；小时候，我以为你很神奇，说上一句话也惊天动地。长大后，我就成了你，才知道那间教室，放飞的是希望，守巢的总是你……

　　你的手中是许许多多正在成长的生命，每一个都如此不同，每一个都如此重要，他们全都对未来抱着憧憬和梦想。他们都依赖你的指引、塑造和培养，才能成为更好的个人和有用的公民。我想用一位普通教师的心声表达自己的教育幸福：

　　教师的职业虽然平凡，但它也蕴藏着无数的快乐。人生苦短，在有限的生命里，能以教师的角色生活，也是有幸的了。在平淡中享受教育的幸福，是我现在对自己的期许。就这样走下去吧，燃烧自己，尽量照亮学生内心和前行的路。踏实工作，不经意间一定还会遇到很多不期而至的快乐。用心前行，让自己一点一滴甚至不着痕迹地慢慢去改变一些什么。

　　如果有人问我最大的快乐是什么？我会说就是把自己深深的爱、浓浓的情奉献给学生。如果有人问我下辈子最想干什么？我会毫不犹豫地说：做一名师德高尚、教学精湛的、幸福的人民教师！